WHITE STAR VERLAG

Smoothies & Säfte

UM GESUND UND IN FORM ZU BLEIBEN

Einführung und Erläuterungen
Maurizio Cusani

Fotografien und Rezepte
Cinzia Trenchi

VORWORT

von Cinzia Trenchi

Die Zubereitung eines Smoothies erfordert nicht viel Zeit in der Küche; so müssen also keine Termine abgesagt, Familie und Arbeit vernachlässigt oder gar ein spezieller Kurs besucht werden.
Es braucht nur einen Mixer: einige Sekunden und das Fruchtfleisch von Obst und Gemüse verwandelt sich in zahlreiche schmackhafte, glatte und cremige Zubereitungen, die äußerst appetitlich und mit einer sämigen Konsistenz sind!
Die Säfte benötigen eine leicht komplexere Vorbereitung, ausgenommen Orangen, Mandarinen, Pampelmusen und Zitronen, für die eine einfache Fruchtpresse ausreicht. Für das Gemüse wiederum braucht man eine Presse, einen Mixer oder einen Entsafter oder ein Gerät, der in der Lage ist, die flüssigen Bestandteile von den festen zu trennen.
Im Handel gibt es alles Mögliche, und man hat die Qual der Wahl. Doch wenn auf einige Kleinigkeiten geachtet wird, findet man das beste Elektrogerät: die Verarbeitung sollte nicht zu schnell erfolgen, da es die Lebensmittel beschädigen könnte und der Entsaftungsvorgang sollte nicht zu stark sein oder bei zu hoher Temperatur erfolgen. Letztlich sollte man auch die Kosten des Geräts sorgfältig abwägen, die im Einklang mit den eigenen Erwartungen stehen sollten. Wenn man diese Hürde überwunden hat, kann man sich von der eigenen Fantasie oder von den Rezepten auf den nächsten Seiten leiten lassen.
Fünf Abschnitte als Inspiration für viele leckere Zubereitungen: Säfte, Emulsionen und Gemüse- oder Obst-Smoothies, gemischte Smoothies (Kombination aus Obst und Gemüse), mit pflanzlichen (vegan) oder tierischen Proteinen. Einfache Rezepte, bei denen Farbe, Geschmack und Schlichtheit in der Kreation von exzellenten Getränken miteinander konkurrieren. Oft werden diese mit Gewürzen, Kräutern und manchmal mit Öl abgeschmeckt, die den natürlichen Geschmack der Zutaten vereinen, um den Gaumen richtig zu verwöhnen und gesunde Lebensmittel in unsere Ernährung zu integrieren. Viele Tipps, um Mahlzeiten und Snacks zu bereichern, indem man sich von den Jahreszeiten und vom Obst und Gemüse in ihrer natürlichen Reife leiten lässt.

INHALT

EINLEITUNG

von Maurizio Cusani

Die typische Durchschnittsernährung des modernen westlichen Lebensstils ist sehr reich an raffiniertem Zucker, Salz und rotem Fleisch.
Folglich gibt es in der Bevölkerung, unabhängig von der höheren durchschnittlichen Lebenserwartung, eine exponentielle Zunahme von Stoffwechselerkrankungen wie Diabetes und Übergewicht, Krebs sowie degenerative Erkrankungen des Herzens und des Kreislaufs. Die Ernährung zu Gute der Gesundheit umstellen, ist gar nicht so schwer und kann zu einem einfachen und angenehmen Vorgang werden, der zum Ziel hat, nicht nur abzunehmen, sondern auch das persönliche Wohlbefinden zu erhöhen.
Wie können uns Säfte, Konzentrate und Smoothies dabei helfen? Wir werden dieses in den nächsten Kapiteln eingehend erläutern.
Alle Alterungsprozesse unserer Organe stehen größtenteils in Zusammenhang mit der Aktivität von toxischen Substanzen, die sich mit der Zeit im Körper ansammeln; wie zum Beispiel freie Radikale, die durch antioxidative Ernährungsprinzipien – die in erster Linie aus der Nahrung stammen – bekämpft, reguliert und kontrolliert werden können.
Eine hypokalorische Diät, reich an Antioxidantien, wäre also die geeignete Ernährungsart zur Vorbeugung von Krankheiten, zur Verlängerung der Lebenserwartung und um jung und fit zu bleiben. Die Lebensmittel mit dem höchsten Gehalt dieser Substanzen sind Obst, Hülsenfrüchte und Gemüse.
Die Zubereitung und die lange Aufbewahrung reduzieren jedoch die Qualität dieser Antioxidantien. Ideal wäre es also, sofern es möglich ist, diese Nahrungsmittel roh zu verzehren. Es wäre ebenso wichtig, dass diese Produkte einen kurzen Transportweg hinter sich hätten, also aus der unmittelbaren Nachbarschaft stammen würden.
Eine mögliche Lösung ist die Rückkehr zu Vollkornprodukten und zum Verzehr von hausgemachten Speisen, die jedoch oft eine lange Zubereitungszeit erfordern. Die moderne Lebensweise erschwert es jedoch, zu dieser antiken Tradition

zurückzukehren, aufgrund der bereits wenig vorhandenen Zeit für die Familie. Eine Alternative, die einfacher und kreativer ist, besteht in der Kombination aus wertvollen Substanzen für unseren Organismus, mit einfach zubereiteten und schnell verzehrbaren Getränken, wie Säfte, Konzentrate oder Smoothies. Dabei sollte man nicht vergessen, dass man auch eine ausgewogene Menge an Ballaststoffen, Mineralien, Fetten, Zuckern und Proteinen benötigt. Säfte, Konzentrate und Smoothies sind in der Tat in der Lage, dem Körper einen Mix von Substanzen zuzuführen, der wesentlich für die Gesundheit der Person beitragen kann. Sie sind außerdem hypokalorisch und daher auch zum Abnehmen geeignet. Natürlich muss jeder Fall individuell betrachtet werden, bevor man diese Zubereitungen anwendet, die bei Familien sehr beliebt sind (vor allem bei Kindern, älteren Menschen und in Genesungsphasen). Aufgrund ihrer einfachen Zubereitung und der wohltuenden Wirkung, die sie je nach Zutat ausüben, werden sie immer beliebter. Außerdem geben sie die Möglichkeit, der Fantasie freien Lauf zu lassen, die sich in den ausgefallensten Mischungen entladen oder sogar die Schönheit und die Farbe des Produkts erhöhen kann. So werden diese Produkte, berechtigterweise, von vielen als „flüssige Diät" angesehen, die sicherlich viele Vorzüge birgt, wie die Möglichkeit, auf einfache Art abzunehmen und das Wohlbefinden des Körpers zu garantieren.

WAS GENAU SIND SÄFTE, SMOOTHIES UND EMULSIONEN?

FRUCHTSÄFTE Beim Auspressen von Obst und durch die Entfernung der faserigen Bestandteile erhält man Fruchtsäfte. Diejenigen aus Zitrusfrüchten können ganz einfach mit einer Zitronenpresse hergestellt werden. Sehr verbreitet sind frisch gepresste Säfte aus Orangen und Pampelmusen oder aus Äpfeln und Birnen.

Da diese jedoch oft zu konzentriert und somit für manche Gaumen als unangenehm empfunden werden, weil sie zu sauer, bitter oder herb wirken, werden diese natürlichen Säfte oft mit Wasser - oder im Sommer mit Eis - verdünnt. Diese Säfte sind also reine Obstkonzentrate und unterscheiden sich somit von Nektar oder anderen Getränken, die weitere Substanzen enthalten.

KONZENTRATE Um all die anderen Gemüsesorten zu verarbeiten, braucht es einen Entsafter; auf diese Weise erhält man Konzentrate. Da es sehr verbreitet ist, Mischungen aus Obst und Gemüse zu kreieren und zu kombinieren (z. B. Tomaten oder Möhren mit Äpfeln oder Birnen),, können die natürlichen Fruchtsäfte mit Gemüsekonzentraten vermischt werden, um originelle Kreationen zu erhalten. Jeder kann seiner Fantasie freien Lauf lassen und neue Kombinationen erfinden: Dieses Buch liefert eine Sammlung von Tipps und Anregungen, um Neues auszuprobieren.

SMOOTHIES Smoothies sind Getränke, die durch das Belassen der faserigen Komponente von Obst und Gemüse hergestellt werden. Sie fügen dem Körper eine Reihe von Wirkstoffen zu, regulieren den Verdauungsapparat und garantieren einen hohen Sättigungsgrad.
Auch wenn Smoothies etwas kalorienhaltiger sind, gleicht sich dieses durch den hohen Sättigungsgrad wieder aus und bewirkt, dass die Person auch Stunden nach dem Verzehr keinen Appetit oder kein Hungergefühl verspürt. Dies vermindert die Nahrungsaufnahme und unterstützt jede Art von Diät.
Dem Smoothie kann man also je nach Bedarf, verschiedene Zutaten hinzufügen, wie zum Beispiel Milch, Sojamilch, Eigelb, Ricotta, Joghurt und vieles mehr.

EMULSIONEN Emulsionen sind Dispersionen einer Flüssigkeit in Tropfenform, die in eine andere Flüssigkeit, die „Träger" genannt wird, vermischt wird.
Emulsionen durchgehen demnach zwei Phasen, die Dispersionsphase und die Trägerphase. Ein Beispiel wird hier durch Wasser und Öl gegeben, wo Wasser in Öl zerstreut wird. Eine weitere natürliche Emulsion ist die Milch. Emulsionen, die für Abnehmdiäten geeignet sind, enthalten Zutaten wie Olivenöl, Eigelb und Ricotta.

ZUSAMMENSETZUNG VON SÄFTEN UND SMOOTHIES

ZUTATEN AUSWÄHLEN Es ist wichtig, passendes Gemüse und Obst auszuwählen. Ebenso sollten die Zutaten frisch, reif, aus biologischem Anbau und daher möglichst pestizidfrei sein (denn Pestizide können sich in den Smoothies konzentrieren, wenn Teile der Schale mitverwendet werden, aber auch in Säften, weil viele chemische Substanzen in der Lage sind, in die Tiefe vorzudringen). Noch besser wäre es, wenn sie aus der unmittelbaren Umgebung stammen würden, da sie bei langen Transportwegen Nährstoffe verlieren.
Um Smoothies verdaulicher zu machen und sie den diversen Diäten anzupassen, kann sowohl Kuhmilch (fettarm und entrahmt) als auch Sojamilch oder Joghurt (weiß und mager) hinzugegeben werden.
Schließlich sollte man Säfte und Smoothies immer frisch genießen. Daher ist es besser, sie nicht im Kühlschrank aufzubewahren, da sonst die Vitamine und Wirkstoffe verloren gehen und sie an Wirkung einbüßen.

DAS SÜSSEN Smoothies sollten nicht gesüßt werden, da in Obst und vielen Gemüsesorten (wie Möhren) schon diverse zuckerartige Substanzen enthalten sind. Außerdem können auch reine Gemüse-Smoothies mit Kräuter, Gewürzen, Zitrone und vielem mehr bereichert werden.
Für Personen, die gar nicht auf Süße verzichten möchten, wird Honig empfohlen, der sich gut vermischen lässt. Dieser sollte möglichst aus einheimischer Produktion stammen, da dieser besser nachprüfbar ist (viele Import-Honige enthalten z. B. Antibiotika). Zucker ist demnach zu vermeiden.

DIE FARBEN Interessante Informationen können durch die Farben gesammelt werden. Die Farben von Obst und Gemüse signalisieren das Vorhandensein von Antioxidantien (je nach Farbe); diese Lebensmittel können also auch farblich auf geeignete Weise gemischt werden, wenn dies mit viel Abwechslung geschieht. Farben sind außerdem immer ausschlaggebend bei der Appetitlichkeit von Speisen, weil sie Informationen und Empfindungen

übermitteln, die über die Esslust entscheiden - bei allem was wir essen. Schon in der Antike diente die Farbe dazu, den Tisch zu bereichern, indem eine malerische Komponente eingesetzt wurde, die das natürliche Aussehen der Speisen veränderte. So wie noch heute in der orientalischen Küche - zum Beispiel in der chinesischen und japanischen Küche - bei denen eine choreografische Positionierung der Lebensmittel auf dem Teller und die Farben grundlegende Elemente darstellen. Im Bereich der verschiedenen Techniken der Chromotherapie (Farbtherapie) kann die kräftigende und positive Wirkung auf die psychophysische Ausgewogenheit auch durch Lebensmittel hervorgerufen werden.
Um einige einfache Beispiele zu nennen, regen warme Farben (wie Rot, Orange, Gelb) den Appetit an und wecken vitale Funktionen; wobei kalte Farben (wie Blau und Lila) eher die überschüssigen Funktionen drosseln und hyperaktive sowie aufgeregte Menschen beruhigen. Dies bedeutet, dass die Kombination verschiedener Farbvarianten auf dem Teller eine positive anregende Wirkung auf Körper, Geist und Stimmung haben kann.
Rot ist die Farbe der Liebe und der Leidenschaft; eine anregende Farbe, die das Adrenalin im Blut, die Herzschläge, die Atmung sowie den systemischen Blutdruck erhöht; sie aktiviert die Leber, stimuliert das zentrale Nervensystem, den Mut, die Energie und die Vitalität an.
Rosa wirkt beruhigend; drückt Harmonie und Freundlichkeit aus und ist eng mit dem Weiblichen und der Lieblichkeit verbunden.
Orange drückt Optimismus und Lebensfreude aus, regt das Wachstum, die Entwicklung, die Fröhlichkeit und das Wohlbefinden an; sie hat eine energetische, wärmende und aufmunternde Wirkung und drückt außerdem Liebe aus.
Gelb ist das Symbol für Licht und Kraft; wirkt antidepressiv und verbessert die Laune, die Aufmerksamkeit, die Aufnahmebereitschaft und die Konzentration, sowie die Kommunikation und persönlichen Beziehungen. Grün stellt Ausgewogenheit dar; es reduziert die Hyperstimulation durch warme Farben und erhält trotzdem deren Energie, bremst die beruhigende Wirkung von kalten Farben und regt die Aufmerksamkeit an.

Die Variationen von Lila wirken beruhigend und generieren Heiterkeit und Ruhe; sie sind geeignet für ängstliche, leicht erregbare Personen.
Braun erinnert an die antiken Bauerntraditionen, an Erde und Holz, an Mütterlichkeit und alte Bräuche. Sie bringt Seelenfrieden und regt zum Nachdenken an.
Weiß ist ein Symbol für Offenheit, Helligkeit und Licht und drückt Einfachheit, Unschuld und Reinheit aus.
Zwei oder mehr Farben in einer Mahlzeit zu mischen, kann dabei helfen, ihre spezielle Wirkung zu balancieren, indem sie zu starke Wirkungen abschwächt und durch nicht explizit wahrnehmbare Vorgänge in Einklang bringt.

SÄFTE FÜR DIE GESUNDHEIT UND ZUM ABNEHMEN

Gewicht zu verlieren gehört heute zu den besten Methoden um gesund zu bleiben. Ein Großteil der Diäten funktioniert im ersten Monat und verliert dann mit der Zeit an Wirksamkeit, weil in der ersten Phase viel Wasser ausgeschieden wird und durch Wasserverlust zwar Gewicht aber kein Fett abgenommen wird. Das ist der Grund, warum jede hypokalorische Diät von sportlicher Aktivität und von einer ausgewogenen, wasserhaltigen Ernährung begleitet werden sollte, wie die einer flüssigen Diät mit hypokalorischen Säften, Smoothies und Konzentraten. Natürlich sollten klassische Shakes mit Sahne, Creme, Mandeln oder Schokolade, oder gezuckerte, vermieden werden und stattdessen durch energiereiche Smoothies aus frischem Obst und Gemüse ersetzt werden. Diese sind hypokalorisch und erfrischend in den warmen Monaten, und nützen in den kalten Monaten zur Vorbeugung von Erkältungskrankheiten. Diese gesunden und hydrierenden Zubereitungen dienen auch dem allgemeinen Wohlbefinden. Es genügt, hypokalorische Nahrungsmittel zu mischen, die einen hohen Sättigungsgrad aufweisen - Gurken, Sellerie, Himbeeren, Melonen, Kohl, Granatäpfel, Äpfel, Birnen usw. - sowie Gewürze und Aromen hinzuzufügen, die den Stoffwechsel anregen und bei der Gewichtsabnahme helfen, wie Ingwer, Pfeffer, Chili, aber auch weniger exotische Zutaten wie Minze und Zitrone. Wichtig ist die Beständigkeit und eventuell die Überwachung durch medizinisches Personal.

SÄFTE, EMULSIONEN UND OBST-SMOOTHIES

EINFACH UND LECKER

von Cinzia Trenchi

Smoothies sind sehr einfach zuzubereiten, aber manche Obstsorten - wie Äpfel, Birnen, Melonen mit festem und kompakten Fruchtfleisch - müssen mit Flüssigkeit vermischt werden; wenn sich in der kühleren Saison die Zugabe von Eis nicht eignet, muss man auf Säfte zurückgreifen. Die Zitrusfrüchte sind hier Vorreiter: Die Zitrone ist perfekt als Begleiter für alle Lebensmittel, aber auch die Pampelmuse ist optimal, leicht säuerlich, oder die Mandarine mit ihrer ansprechenden Süße oder aber die Orange, so gesund, dass man manchmal vergisst, wie lecker sie ist. Jede Art von Obst ist für Smoothies geeignet, es genügt, sich von den Jahreszeiten leiten zu lassen und reifes Obst zu wählen, in Stücke zu schneiden und die harten Bestandteile zu entfernen. Die Schale sollte nur dann mitverwendet werden, wenn es sich um biologisches Obst handelt; denken Sie immer daran, dass eine biologische Frucht selten glatt, perfekt und fehlerfrei ist! Das gleiche gilt auch für Säfte, die Sie mit dem Entsafter zubereiten: Achten Sie immer auf die Schale und vor allem auf die Schale der Zitrusfrüchte, die nur in kleinen Mengen und in kleinen Stücken verwendet werden sollte. Jeder Monat des Jahres bietet leckere Früchte: Wählen Sie zwischen reifen Erdbeeren, Ananas, Himbeeren, Kaki, Brombeeren, Kaktusfeigen und vielen mehr. Sie werden staunen, wie natürlich süß Smoothies und Säfte aus reifem Obst schmecken und wie ausgewogen, durstlöschend und befriedigend sie sind, so dass ihre Zubereitung zu einem liebgewonnenen Ritual wird. Erfahren Sie, wie Säfte und Smoothies als Aperitif serviert werden können, als Abschluss nach einer Mahlzeit, morgens zum Frühstück oder nach dem Sport. Sie werden angenehm überrascht sein, dass ein großes Glas eines leckeren Getränks in Bezug auf die Kalorienanzahl locker ein paar Kekse ersetzen kann, jedoch wesentlich sättigender ist! Bei der Auswahl des Obstes sollten Sie auf einen niedrigen Wassergehalt und eine cremige Konsistenz achten, wie zum Beispiel Bananen und Kaki.

VITAMINE UND ENERGIE

von Maurizio Cusani

Saisonales frisches Obst garantiert die Zufuhr der wichtigsten Vitamine, um unseren Körper ausgewogen zu halten und bietet eine gesunde, schnell verfügbare Energiequelle.
In Waldfrüchten stecken zum Beispiel sehr wirksame Antioxidantien, Zitrusfrüchte sind reich an Vitamin C, während Äpfel, Birnen und andere Früchte unverdauliche Ballaststoffe enthalten, die geeignet sind, um den Verdauungsapparat gesund zu halten.
In unserem Leben gibt es viele Gründe, die eine schnelle Energiezufuhr fordern. Zum Beispiel kann es sein, dass wir nach einer körperlicher Anstrengung, einem Training oder einer sportlichen Herausforderung, eine rasche Erholung benötigen: Die Zufuhr von einfachen, schnell absorbierbaren Zuckern, die in Säften oder Smoothies enthalten sind, begleitet von viel Wasser, ist die ideale Lösung. Ebenso können Fruchtkonzentrate älteren, kranken Menschen sofort Kraft verleihen. Aber auch jungen Menschen, die einen grippalen Infekt auskurieren sowie Personen, die sich von einem chirurgischen Eingriff erholen müssen, oder aber für alle, die das Bedürfnis verspüren, ihr Wohlbefinden rasch zu steigern.
Säfte und Smoothies führen dem Körper sehr viel Wasser zu und sind die beste Antwort auf jede Art von Dehydrierung, zum Beispiel im Sommer nach einer sportlichen Aktivität oder nach Magen-Darm-Erkrankungen, die eine rasche Regenerierung erfordern.

2 Personen

300 g frische Ananas

2 Orangen

ANANAS-ORANGEN-SMOOTHIE

1. Die Schale und die harten Fasern der Ananas entfernen. In Stücke schneiden und in den Mixerbecher geben.
2. Die Orangen schälen, die weiße Haut, die die einzelnen Orangenspalten bedeckt, abziehen und dann in Stücke schneiden und zu den Ananas-Stücken geben.
3. Die Zutaten solange mixen, bis eine homogene, glatte und flüssige Mischung entsteht.
4. In Gläser füllen und den Smoothie sofort trinken.
5. Der Ananas-Orangen-Smoothie ist ein perfekter Durstlöscher, mit Eis oder frischem Wasser gemischt ist er auch gut für die Sommermonate geeignet.

Schwierigkeitsgrad:
EINFACH
Zubereitungszeit:
10 Minuten
Kalorien:
94 kcal pro Person

Rezepteigenschaften:
Der Ananas-Orangen-Smoothie ist ein ideales Getränk, um den Körper zu hydrieren und ihm in kurzer Zeit Kräfte zuzuführen, vor allem nach grippalen Infekten oder Erkrankungen bei Kindern. Er wird für die Sommermonaten empfohlen und um den Körper während psychischen Stresssituationen oder bei entzündlichen Erkrankungen zu unterstützen.

Die ***Orange*** *ist reich an Vitaminen, vor allem an Vitamin C. Das ist ein natürliches Hilfsmittel bei Erkältungskrankheiten. Sie enthält Calcium, Zink, Kupfer und Eisen, sowie zahlreiche schnellwirkende Polyphenole mit antioxidativer Wirkung und hat einen wichtigen Anti-Aging-Effekt.*
Die ***Ananas*** *kann wirkungsvoll zur Bekämpfung von Ödemen, Cellulite, muskuläre Traumata und venöse Unterfunktionen angewandt werden. Bromelin, ein in Obst enthaltenes Enzym übt eine Thrombozyten hemmende Wirkung aus, die das Blut flüssiger macht. Das Fruchtfleisch der Ananas ist ein Wundermittel für Menschen mit thromboembolischen Erkrankungen, ist jedoch bei medikamentöser gerinnungshemmender Therapie mit Vorsicht zu genießen.*

2 Personen

1 Banane
2 Zitronen
100 g Johannisbeeren
4 Physalis

BANANEN-SMOOTHIE MIT ZITRONENSAFT, PHYSALIS UND JOHANNISBEEREN

1. Banane schälen, in Stücke schneiden und in den Mixer geben.
2. Die Zitronen mit der Fruchtpresse auspressen und den Zitronensaft zu den Bananen geben.
3. Die Johannisbeeren waschen und auf Küchenpapier trocknen lassen.
4. Physalis öffnen ohne die Beere zu entfernen.
5. Die Banane und den Zitronensaft solange mixen, bis eine homogene und weiche Creme entsteht, diese in ein Glas füllen und mit den Johannisbeeren und der Physalis garnieren.
6. Ideal als origineller Dessert-Ersatz oder für ein schnelles Frühstück.

Schwierigkeitsgrad:
EINFACH
Zubereitungszeit:
10 Minuten
Kalorien:
110 kcal pro Person

Rezepteigenschaften:
Der Bananen-Smoothie mit Zitronensaft, Physalis und Johannisbeeren ist ein energiereiches Getränk, geeignet um Flüssigkeits- und Zuckerhaushalt nach plötzlichen Anstrengungen wieder aufzufüllen. Er ist sehr sättigend und ist ein Antioxidans, nützlich in Kälteperioden und sehr wohlschmeckend, sowie für Abnehmdiäten geeignet.

*Die **Physalis** ist eine exzellente Vitamin C-Quelle. In der chinesischen Medizin werden dieser Frucht heilende Eigenschaften bei Nierensteinen nachgesagt und sie ist dank der enthaltenen Tannine ein optimal entwässernd und reinigend.*
*Die **Zitrone** hat den niedrigsten Zuckergehalt unter den Zitrusfrüchten und enthält viele Ballaststoffe.*
*Die **rote Johannisbeere**, zusammen mit der schwarzen, ist eine Variante die wir von dieser Frucht mit guten therapeutischen Eigenschaften kennen. Bekannt als Anti-Aging-Mittel, wurde sie in neueren Studien als Hilfsmittel bei der Bekämpfung von Krebs anerkannt.*
*Die **Banane** ist reich an natürlichen Kohlehydraten, wie Glukose und Saccharose und weist viele für den Körper positive Eigenschaften aus.*

1 Person

1 reife Kaki

2 Mandarinen

KAKI-SMOOTHIE MIT FRISCH GEPRESSTEM MANDARINENSAFT

1. Die Kaki auf einen Teller legen, den Stiel entfernen und mit einem Teelöffel vorsichtig das Fruchtfleisch herausnehmen in den Mixerbecher geben und darauf achten, keine Schale zu verwenden.

2. Die Mandarinen auspressen und den Saft über das Kaki-Fruchtfleisch verteilen.

3. Das Ganze mixen bis eine weiche und softe Creme entsteht und diese in ein Glas geben.

4. Um die wohltuende Wirkung des Smoothies zu genießen, diesen erst kurz vor dem Verzehr zubereiten, weil Kakis schnell oxidieren und so an Geschmack und Frische verlieren!

5. Perfekt für einen wohlschmeckenden Energiekick ist er eines der kalorienreichsten Smoothies und kann aber durch seinen hohen Sättigungsgrad als natürlicher Appetitzügler während einer Abnehmdiät verwendet werden.

Schwierigkeitsgrad:
EINFACH
Zubereitungszeit:
5 Minuten
Kalorien:
210 kcal

Rezepteigenschaften:
Der Kaki-Smoothie mit frisch gepresstem Mandarinensaft ist ein sehr energiereiches Getränk, ist aber aufgrund seines hohen Sättigungsgrades auch bei Abnehmdiäten empehlenswert. Er ist sehr geeignet für die Winterzeit und zur Bekämpfung für Erkältungskrankheiten.

*Die **Kaki** stammt ursprünglich aus Japan und China, hat bei voller Reife eine tief orangene Farbe. Das Fruchtfleisch ist sehr süß und lecker, wenn die Frucht jedoch noch nicht vollständig reif ist, kann sie aufgrund der vorhandenen Tannine etwas säuerlich schmecken. Der Kaki-Saft wird in Japan zum Klären und Verdünnen des Nationallikörs Sake verwendet. Da er eine große Menge Kalium, Zucker, Betacarotin und Vitamin C enthält, ist er sehr energiereich und der Verzehr wird daher für Sportler und für Kinder empfohlen, oder auch für Menschen, die eine physische oder psychische Stressperiode durchmachen.*
*Die **Mandarine** ist sehr reich an Vitamin C, dann an Carotin und Vitamin A, sowie an Vitaminen der B-Gruppe. Sie ist außerdem reichhaltig an Mineralien wie Eisen, Magnesium und Folsäure.*

2 Personen

2 Zitronen
200 g Johannisbeeren

1 Cherimoya

CHERIMOYA-ZITRONEN-JOHANNISBEEREN-SMOOTHIE

1. Die Zitronen nach dem Waschen auspressen.
2. Die Johannisbeeren waschen, vorsichtig vom Stängel lösen und in den Mixer geben (wenn das Getränk dekoriert werden soll, einen Löffel Johannisbeeren beiseitelegen).
3. Die Cherimoya schälen, die Kerne entfernen, das Fruchtfleisch schneiden und zu den Johannisbeeren geben.
4. Zitronensaft hinzufügen und mixen bis eine homogene, cremige Mischung entsteht.
5. Die Gläser füllen, nach Bedarf dekorieren und sofort trinken um die wohltuende Wirkung von frischem Obst zu genießen.

Schwierigkeitsgrad:
EINFACH
Zubereitungszeit:
10 Minuten
Kalorien:
85 kcal pro Person

Rezepteigenschaften:
Der Cherimoya-Zitronen-Johannisbeeren-Smoothie ist ein frisches, hydrierendes Getränk. Er ist für alle Jahreszeiten geeignet und wird vorwiegend zur Vorbeugung und unterstützender Behandlung von Erkältungskrankheiten angewandt. Seine hypokalorischen Eigenschaften machen ihn zum perfekten Getränk während jeder Abnehmdiät.

*Die **Cherimoya** ist sehr reich an Vitamin C, Mineralien wie Kalium und nützliche Ballaststoffe zur Linderung von Verstopfung. Sie hat die gleiche Kalorienmenge wie Mango (75 Kalorien pro 100g Frucht). Diese Frucht enthält zahlreiche antioxidative Polyphenole, annonine Acetogenine genannt, die eine große antitumorale Wirksamkeit aufweisen. Da sie zytotoxisch sind, werden sie traditionell gegen Parasiten und Darmwürmern angewandt.*
*Die **Zitrone** ist adstringierend und ist trotz seines Ballaststoffgehalts ungeeignet für an Verstopfung leidende Personen.*
*Die **Johannisbeere** ist eine Waldfrucht und reich an Anthocyanosiden sowie antioxidativen Polyphenolen.*

2 Personen

300 g reife Feigen

1 Bio-Orange

FEIGEN-ORANGEN-SMOOTHIE

1. Feigen vorsichtig waschen, Haut und Stiel entfernen, dann in Stücke in den Mixerbecher geben.
2. Die Orange schälen und ein wenig Schale zur Dekoration beiseitelegen.
3. Die weiße Haut der Orange entfernen und die in Stücke geschnittenen Orangenspalten zu den Feigen geben.
4. Die Zutaten solange mixen, bis eine homogene Mischung entsteht.
5. Das Getränk in die Gläser füllen, mit der Orangenschale dekorieren und sofort servieren.

Schwierigkeitsgrad:
MITTEL
Zubereitungszeit:
10 Minuten
Kalorien:
95 kcal pro Person

Rezepteigenschaften:
Der Feigen-Orangen-Smoothie ist ein klassisch sommerliches und herbstliches Getränk und geeignet für jedes Alter. Perfekt für die Wiedererlangung von Energie nach körperlicher Anstrengung oder während einer Genesungsphase nach einer Operation oder Krankheit. Wird schnell absorbiert und ist ein anregendes und hydrierendes Getränk.

*Die **Feige** ist reich an leicht verdaulichen Zuckern, zusammen mit Mineralien wie Eisen, Calcium und Phosphor. Sie enthält viel Vitamin A, C und der Gruppe B, und zusätzlich eine große Menge Lignane (ein vegetarischer Ballaststoff), die positive Auswirkungen auf die Verdauung haben und somit sehr gut für Personen sind, die an Verstopfung leiden.*
*Die **Orange** ist aufgrund seines Vitamingehaltes in der Lage, bei der Genesung, nach Kraftanstrengungen und bei Erkältungskrankheiten zu helfen. Sie enthält nicht nur Vitamin C sondern auch B und P, Zitronensäure sowie Ballaststoffe und aktiviert die Immunabwehr.*

2 Personen

300 g reife Feigen

1 Zitrone

FEIGEN-ZITRONEN-SMOOTHIE

1. Die Feigen vorsichtig waschen, den Stiel und Teile der Haut entfernen (etwa die Hälfte belassen), dann in Stücke schneiden und in den Mixerbecher geben.

2. Die Zitrone auspressen, den Saft filtern und auf die Feigen geben.

3. Solange im Küchengerät verarbeiten, bis eine weiche und cremige Mischung entsteht, dann den Smoothie in Gläser füllen und servieren. Er ist ein optimales Dessert, ein wunderbares Frühstück oder eine nahrhafte und gesunde Zwischenmahlzeit. Er sollte sofort getrunken werden, um die Süße der reifen Feigen, die nur kurz von dem Geschmack der Zitronen herabgesetzt wird, voll zu genießen.

Schwierigkeitsgrad:
MITTEL
Zubereitungszeit:
5 Minuten
Kalorien:
76 kcal pro Person

Rezepteigenschaften:

Der Feigen-Zitronen-Smoothie ist ein energiereiches Getränk, geeignet als Zwischenmahlzeit für Kinder oder bei der Genesung nach Krankheiten. Wenn auch hyperkalorisch, bietet das Getränk einen hohen Sättigungsgrad und ist daher auch bei Abnehmdiäten empfohlen.

*Die **Feige** hat eine verdauungsfördernde Wirkung und ist geeignet für die Ernährung von Kindern, jedoch ungeeignet für die Ernährung von Diabetikern oder Personen mit Kolitis. Sie enthält einige Pflanzenschleime, die für die Beeinflussung einiger gastrointestinalen Erkrankungen sorgen, insbesondere bei: Gastritis, Zwölffingerdarm-Entzündungen. Außerdem ist diese Frucht bekannt für seine diuretische und abführende Wirkung.*
*Die **Zitrone** kann eine große Hilfe bei der Beeinflussung von Erkrankungen des Atmungsapparates sein, die durch Erkältungen hervorgerufen werden. Sie enthält Vitamin C, Vitamin A und viele Vitamine der Gruppe B, sowie Ballaststoffe.*

2 Personen

100 g Himbeeren
100 g Erdbeeren

50 ml Himbeersaft

ERDBEER-HIMBEER-SMOOTHIE MIT HIMBEERSAFT

1. Die Himbeeren leicht waschen, ohne sie in Wasser einzutauchen, dann auf Küchenpapier trocknen lassen.

2. Den Stiel bei den Erdbeeren entfernen, diese in einen Sieb geben und unter fließendem Wasser abspülen. Dann in Stücke schneiden und in den Mixerbecher geben.

3. Die Himbeeren sowie den Himbeersaft hinzufügen und das Küchengerät betätigen bis eine weiche und homogene Mischung entsteht.

4. Wenn man das Getränk ohne die kleinen Samen der Erdbeeren und Himbeeren genießen möchte, sollte die Zubereitung mit dem Entsafter erfolgen.

Schwierigkeitsgrad:
EINFACH
Zubereitungszeit:
5 Minuten
Kalorien:
80 kcal pro Person

Rezepteigenschaften:
Der Erdbeer-Himbeer-Smoothie mit Himbeersaft ist ein optimales Getränk für Personen, die an Stoffwechsel-Erkrankungen leiden. Außer seiner entschlackenden Wirkung ist der Smoothie hypokalorisch und geeignet für alle Abnehmdiäten. Er ist eine natürliche Hilfe als Antidepressivum, da anregend und stimmungssteigernd.

*Die **Erdbeere** hat eine charakteristische schwammartige Konsistenz, die Pestizide und Konservierungsstoffe sehr gut aufnimmt. Es ist daher sehr wichtig biologisch angebaute Früchte zu verwenden.*
*Die **Himbeere** ist eine rote Frucht und hat einen leicht säuerlichen Geschmack, die in der Nähe von offenen Stellen in Wäldern wächst. Sie enthält viel Vitamin C, Vitamin A, Zitronensäure, Fructose, Pektin, Tannine, organische Säuren, und antioxidative Flavonoide (Polyphenole). Diese Inhaltsstoffe üben alle eine anregende Wirkung auf die Mikrozirkulation und eine schützende antitumorale Wirkung aus.*

2 Personen

1 Zitrone
100 g Erdbeeren
2 Bananen
2 Holzspieße
5 Eiswürfel (fakultativ)

ERDBEER-BANANEN-ZITRONEN-SMOOTHIE

1. Die Zitrone auspressen und den Saft filtern, um die Kerne zu entfernen.
2. Die Erdbeeren unter laufendem Wasser spülen, ohne sie in Wasser einzutauchen. Den Stiel entfernen und 2 Erdbeeren beiseitelegen für die Dekoration des Smoothies.
3. Die Bananen schälen, in Stücke schneiden und zwei oder drei Scheiben für die Dekoration beiseitelegen, nach dem diese mit Zitrone beträufelt wurden, so dass diese nicht anlaufen.
4. Das Obst in den Mixerbecher geben, den Zitronensaft hinzufügen und wenn ein durstlöschendes Getränk gewünscht wird, kann auch ein wenig Eis zugegeben werden.
5. Solange mixen, bis eine weiche und glatte Creme entsteht.
6. In sehr kalte Gläser füllen (vor Benutzung für mindestens 10 Minuten ins Gefrierfach legen), dann mit dem beiseitegelegten und auf Holzspießen gesteckte Obst dekorieren. Das Getränk sofort verzehren, entweder als leichtes frisches Frühstück oder als mageres, raffiniertes Dessert.

Schwierigkeitsgrad:
EINFACH
Zubereitungszeit:
5 Minuten
Kalorien:
118 kcal pro Person

Rezepteigenschaften:
Der Erdbeer-Bananen-Zitronen-Smoothie ist hydrierend und anregend. Geeignet, um die Immunkräfte des Körpers zu stärken, wirkt er sehr sättigend und hilft die Laune zu verbessern, sowie die Kräfte nach intensiver körperlicher Anstrengung oder in der Genesungsphase wiederzuerlangen.

*Die **Erdbeere** enthält Vitamin C und Folsäure, ein sehr wichtiges Element für das Gedächtnis und während der Schwangerschaft. Sie ist eine entwässernde und hypokalorische Frucht.*
*Die **Banane** ist ein sättigendes Nahrungsmittel, reich an cholesterinsenkenden Substanzen, Mineralien und Vitamine A, C und B.*
*Die **Zitrone**, vermutlich aus Indien stammend, ist sicherlich eines der berühmtesten Zitrusfrüchte des Mittelmeers und die Frucht mit dem höchsten Vitamin C-Gehalt: nur 100 g frische Zitrone enthalten ganze 50 mg Vitamin C.*

2 Personen

500 g Honigmelone

2 reife Kiwis

KIWI-SMOOTHIE MIT HONIGMELONEN-SAFT

1. Die Melone putzen, die Kerne und die fadenförmigen Komponenten entfernen, in Stücke schneiden und 2/3 in den Entsafter geben, um Saft zu erhalten.

2. Die Kiwis schälen, in Stücke schneiden und in den Mixerbecher geben, zusammen mit der übrigen Melone, dann den Melonensaft hinzugeben und die Zutaten solange verarbeiten bis eine homogene cremige Mischung entsteht.

3. Den Smoothie in Gläser füllen und sofort trinken, um die wunderbare Frische der wohlschmeckenden und wohltuenden Früchte zu genießen, für eine gesunde Diät.

Schwierigkeitsgrad:
EINFACH
Zubereitungszeit:
5 Minuten
Kalorien:
126 kcal pro Person

Rezepteigenschaften:
Der Kiwi-Smoothie mit Honigmelonen-Saft ist entschlackend und leicht abführend. Er ist in der Lage antioxidative hydrierende Substanzen zu speichern, die ein Anti-Aging-Effekt ausüben und zur Vorbeugung aller entzündlichen Erkrankungen, sowie Erkältungskrankheiten geeignet sind. Er sollte jedoch mit Vorsicht genossen werden, von Menschen die an Pollenallergie leiden.

*Die **Kiwi** unterstützt aufgrund seines hohen Gehalts an antioxidativen Substanzen den Cholesterinhaushalt. Außerdem übt sie auch eine schützende Wirkung auf den Kreislauf aus und beugt der Hautalterung und der Augenalterung vor. Wie bei den Pflaumen und bei gekochtem Gemüse, kann die Kiwi leicht abführend wirken, wenn sie reif verzehrt wird. Wenn sie dagegen unreif verzehrt wird, kann die gegenteilige Wirkung erreicht werden.*
*Die **Honigmelone** ist eine süße Frucht, deren Wassergehalt ca. 90 % erreicht. Auch wenn sie diverse Zuckerarten enthält, ist sie trotzdem hypokalorisch (nur 33 Kalorien auf 100 g) und ist somit eine wichtige Komponente bei einer Ernährungsumstellung während einer Abnehmkur.*

1 Person

1 Limette
50 g Mango
2 Passionsfrüchte
50 ml Kokosmilch

MANGO-LIMETTE-PASSIONSFRUCHT-SMOOTHIE MIT KOKOSMILCH

1. Die Limette entsaften und den Saft in eine Tasse gießen.
2. Die Mango schälen, in Stücke schneiden und in den Mixer geben. Den Limettensaft hinzufügen.
3. Die Passionsfruchte halbieren, mit einem Teelöffel das Fruchtfleisch herausnehmen und zu den anderen Zutaten geben. Schließlich mit Kokosmilch übergießen.
4. Alle Zutaten verarbeiten, solange bis ein homogenes Getränk entsteht, diesen dann in ein Glas füllen und sofort trinken.
5. Eine ideale Energiequelle für den Start in den Tag, mit erfrischendem Geschmack und einladendem Duft.

Schwierigkeitsgrad:
EINFACH
Zubereitungszeit:
3 Minuten
Kalorien:
230 kcal

Rezepteigenschaften:
Der Mango-Limette-Passionsfrucht-Smoothie mit Kokosmilch ist ein kräftiges Getränk voller energiereicher Nährstoffe. Geeignet, um schnell wieder zu Kräften zu kommen, perfekt um dem Körper nach Anstrengungen schnell wieder Flüssigkeit zuzuführen, sowie um Durst zu löschen und zu erfrischen. Er hat eine große sättigende Wirkung.

*Die **Passionsfrucht** ist eine süß-säuerliche Frucht, etwas herb und aus brasilianischem Ursprung. Sie ist sehr bekömmlich, reich an Vitamin C, Kalium, Ballaststoffe und Betacarotin. Enthält eine große Menge Omega-6 - Fettsäuren, die für die Herzfunktion und Kreislauffunktion sehr wichtig sind und ist außerdem entzündungshemmend und antioxidativ.*
*Die **Kokosmilch** hat eine leicht abführende und aphrodisierende Wirkung.*
*Die **Mango** ist eine hyperkalorische Frucht, die sehr sättigend wirkt.*
*Die **Limette** ist ein optimales antiseptisches Mittel für die Mundhöhle und schützt das Zahnfleisch vor Entzündungen.*

2 Personen

4 Kiwis für den Smoothie
und 1 Kiwi zum Dekorieren
2 Bio-Zitronen

2 Bio-Äpfel
Blätter und Blumen zum Dekorieren

APFEL-KIWI-SMOOTHIE MIT ZITRONENSAFT

Schwierigkeitsgrad: **EINFACH**
Zubereitungszeit: **5Minuten**
Kalorien: **110 kcal pro Person**

1. Obst waschen, die 4 Kiwis schälen und in Stücke schneiden.
2. Die Zitronen auspressen und wenn der Geschmack der Zitronenschale gewünscht wird, ca. einen Teelöffel davon reiben.
3. Die Äpfel in kleine Stücke schneiden und alle Obststücke in den Mixer füllen. Den Zitronensaft hinzufügen, sowie die Zitronenschale und solange mixen bis eine gleichmäßige, cremige Mischung entsteht.
4. Das Getränk in die Gläser füllen, einige Kiwi-Scheiben hinzufügen und mit Blätter und Blumen verzieren. Für einen tollen Genuss sofort servieren.
5. Optimal zum Frühstück, aber auch als Imbiss oder als Aperitif perfekt geeignet.

Rezepteigenschaften:
Der Apfel-Kiwi-Smoothie mit Zitronensaft ist in der Lage eine leichte, frische, hypokalorische Zwischenmahlzeit zu bieten, reich an Vitaminen und Mineralien. Sehr durstlöschend und gut bekömmlich, somit zu jeder Jahreszeit geeignet.

*Der **Zitronensaft** hat außer den wohltuenden Substanzen auch eine durststillende Wirkung, verbindet die verschiedenen Geschmäcker im Smoothie optimal und ist ein guter Gegenspieler für die Oxidation der Früchte. Wenn gewünscht, kann man dieses Getränk in die tägliche Diät integrieren.*
*Die **Kiwi** ist eine an Vitamin C reiche Frucht, enthält außerdem Retinol, Folsäure und Mineralien.*
*Der **Apfel** besteht aus 85 % aus Wasser und fungiert als Entschlackungsmittel. Er enthält Vitamine, Mineralien, organische Säuren und vor allem Pektine (vor allem in der Schale), die die Verdauung und Darmbewegung begünstigen.*

2 Personen

2 Pampelmusen
1 Kaki
1 reife Birne

BIRNEN-KAKI-SMOOTHIE MIT PAMPELMUSENSAFT

1. Eine Pampelmuse auspressen und den Saft in den Mixerbecher geben.
2. Die gewaschene Kaki auf einen Teller geben, den Stil entfernen und mit einem Teelöffel das Fruchtfleisch ohne Schale zum Pampelmusensaft hinzugeben.
3. Die andere Pampelmuse waschen, halbieren und mit einem scharfen Messer das Fruchtfleisch entfernen (dabei darauf achten, nicht in die Schale zu schneiden), so dass man zwei schüsselförmige Behälter erhält. Das Fruchtfleisch zu den anderen Zutaten geben.
4. Die Birne waschen und schälen, in Stücke schneiden und in den Mixer geben.
5. Das Gerät solange betätigen bis eine flüssige Mischung ohne ganze Stücke entsteht. Die aus der Pampelmuse gewonnenen Behälter befüllen und rasch servieren.

Schwierigkeitsgrad:
MITTEL
Zubereitungszeit:
10 Minuten
Kalorien:
125 kcal pro Person

Rezepteigenschaften:
Der Birnen-Kaki-Smoothie mit Pampelmusensaft ist geeignet für ältere Menschen, da es reinigend und hydrierend wirkt. Außerdem ist er eine gute Energiequelle für Kinder und Erwachsene, die rasch psychophysische Anstrengungen kompensieren müssen. Hat eine große sättigende Wirkung.

*Die **Kaki** ist energetisierend perfekt für Sportler, Kinder und Jugendliche, vor allem dann wenn das Lernvermögen und das Gedächtnis verbessert werden sollen und wenn eine intensive sportliche Aktivität erfolgen soll.*
*Die **Pampelmuse** ist eine hypokalorische Frucht, besteht größtenteils aus Wasser und enthält Pektine, Vitamin A, C und E, sowie Bitterstoffe, die den Magen und die Lunge stärken und hat eine reinigende Wirkung auf Leber und Nieren. Sie hat sich als Gegenmittel für degenerative Erkrankungen etabliert.*
*Die **Birne** ist ballaststoffreich, hypokalorisch hat einen hohen Wassergehalt und schützt vor Osteoporose und reguliert die Darmtätigkeit.*

2 Personen

2 Bio-Zitronen
1 reife Birne

5 Eiswürfel (fakultativ)

BIRNEN-ZITRONEN-SMOOTHIE

1. Die Zitronen waschen, einen Teelöffel Zitronenschale abreiben und diese dann in den Mixerbecher geben.
2. Die Birne schälen, in Stücke schneiden und zu der Zitronenschale geben.
3. Die Zitronen auspressen und den Saft zu den anderen Zutaten geben.
4. Dieser Smoothie ist sehr durstlöschend und ein optimales Getränk um die Flüssigkeitsreserven nach körperlicher Aktivität wieder aufzufüllen. Bei Bedarf kann man Eis hinzufügen, danach mixen bis eine homogene Mischung entsteht.

Schwierigkeitsgrad:
EINFACH
Zubereitungszeit:
10 Minuten
Kalorien:
78 kcal pro Person

Rezepteigenschaften:
Der Birnen-Zitronen-Smoothie ist ein regenerierendes, hydrierendes, sättigendes und hypokalorisches Getränk. Empfohlen für Personen mit Osteoporose und Bluthochdruck, auch sehr nützlich für ältere Menschen, die den Alterserkrankungen entgegenwirken wollen.

*Die **Birne** enthält einfache Zuckerarten wie zum Beispiel Fructose. Sie wirkt sättigend und ist reich an Ballaststoffen, daher ist sie sehr gut für Abnehmdiäten geeignet. Sehr bekömmlich und regelt die Darmtätigkeit. Die Ballaststoffe verlangsamen die Aufnahme von Fructose, halten das Energielevel während der Arbeit stabil und hydrieren den Körper.*
*Die **Zitrone** ist reich an Limonen, eine Substanz die erfolgreich für die Zerstörung von Gallensteinen eingesetzt wird. Nach neuerlichen amerikanischen Studien bewirkt die regelmäßige Einnahme, antitumorale Effekte in der Vorsorge.*

2 Personen

2 Bio-Äpfel
1 Banane
1 Bio-Birne

BIRNEN-BANANEN-SMOOTHIE MIT APFELSAFT

1. Äpfel schälen, in Stücke schneiden und entsaften um frischen Saft zu erhalten. Wenn die Herkunft des Obstes bekannt und vertrauenswürdig ist, kann man auch die Schale verwenden, wenn nicht, dann lieber weglassen.
2. Die Banane in Stücke schneiden und direkt in den Mixer geben.
3. Die Birne schälen, Kerne und Stiel entfernen und auch die Schale verwenden, da sie nährstoffreich und ballaststoffhaltig ist.
4. Den Apfelsaft zur Banane und die geschnittene Birne in den Mixerbecher geben und den Mixer ca. 20 Sekunden betätigen, oder solange bis eine glatte und cremige Mischung entsteht.
5. Das Getränk in die Gläser geben und sofort genießen.

Schwierigkeitsgrad:
EINFACH
Zubereitungszeit:
10 Minuten
Kalorien:
130 kcal pro Person

Rezepteigenschaften:
Der Birnen-Bananen-Smoothie mit Apfelsaft ist ein vollmundiges Getränk, anregend und geeignet für Personen, die an Verstopfung leiden. Reinigend und regenerierend, ideal für Abnehmdiäten, da sehr sättigend. Sehr gut gegen Osteoporose, Bluthochdruck und Alterserkrankungen.

*Der **Apfel** ist reich an Pektin, ein sehr wichtiger Ballaststoff für den Verdauungsapparat und in der Lage den Blutzucker zu reduzieren.*
*Die **Birne**, enthält viel Kalium und ist perfekt für salzarme Diäten, also für Bluthochdruck-Patienten. Reich an Spurenelementen wie Bor und Magnesium, hilft sie dabei das Calcium in den Knochen zu fixieren und kann Osteoporose vorbeugen und verlangsamen.*
*Die **Banane** enthält viele natürliche Kohlenhydrate, viele Ballaststoffe und Mineralien wie Kalium und Magnesium, außerdem noch Aminosäuren wie Tryptophan, die sehr wichtig für das Nervensystem sind.*

1 Person

100 g Blaubeeren
10 Erdbeeren

1 reife saftige Birne
1 Bio-Zitrone

BIRNEN-BLAUBEER-ERDBEER-SMOOTHIE

1. Die Blaubeeren und Erdbeeren unter laufendem Wasser waschen ohne sie in Wasser einzutauchen. Auf Küchenpapier abtropfen lassen.

2. Den Stiel der Erdbeeren entfernen und diese in 2 oder 4 Stücke schneiden, je nach Größe.

3. Die Birne waschen und schälen, dann in kleine Stücke schneiden und direkt in den Mixerbecher geben, um den Saft zu erhalten.

4. 1 Teelöffel geriebene Zitronenseite beiseitelegen. Die Zitrone auspressen, den Saft filtern und auf die Birne geben, die Blaubeeren hinzufügen, die Erdbeeren dazugeben und bei geringer Geschwindigkeit mixen, bis eine weiche und cremige Mischung entsteht.

5. In ein Glas füllen, die geriebene Zitronenschale hinzugeben und mischen. Sofort trinken um alle wohltuenden Effekte dieses überraschend erfrischenden Getränks zu genießen!
Wenn ein weniger dickflüssiger Smoothie gewünscht wird, mit einem halben Glas Wasser mischen.

Schwierigkeitsgrad:
EINFACH
Zubereitungszeit:
10 Minuten
Kalorien:
90 kcal

Rezepteigenschaften:

Der Birnen-Blaubeer-Erdbeer-Smoothie ist hypokalorisch, durstlöschend und geeignet für alle Abnehmdiäten. Optimal für alle, die die Augenfunktion verbessern wollen und für alle mit Erkrankungen der Mikrozirkulation und der Augen.

Die ***Blaubeeren*** *sind Waldfrüchte und bekannt für ihre positive Auswirkung auf die Sehkraft. Sie sind nämlich in der Lage, die nächtliche Sehfähigkeit zu bessern, vor allem bei kurzsichtigen Menschen und wirkt antioxidativ bei Makula-Degeneration, eine wichtige Komponente der Netzhaut.*
Die ***Birne*** *(botanisch gesehen eine unechte Frucht) wächst am gleichnamigen Baum. Reich an Antioxidantien, insbesondere aus der Familie der Polyphenole, reich an Vitamin C und Ballaststoffen ist es optimal für die Vorbeugung von kardiovaskulären Erkrankungen.*

1 Person

2 Kaktusfeigen
1 kleine Bio-Birne

Schwierigkeitsgrad:
MITTEL
Zubereitungszeit:
5 Minuten
Kalorien:
150 kcal

KAKTUSFEIGEN-BIRNEN-SAFT

1. Um Kaktusfeigen zu verarbeiten, ist es angebracht Handschuhe zu tragen, um die mikroskopisch kleinen Stacheln zu meiden.
2. Die Feigen unter laufendes Wasser waschen, mindestens 1 Minute abreiben, dann die Enden abschneiden. Die Haut einritzen und abrollen. In den Entsafter geben und den Saft auffangen.
3. Die Birne waschen und wenn die Herkunft vertrauenswürdig und sicher ist, auch die Schale mit verarbeiten.
4. Den Saft in einem Becher auffangen. Der Saft wird relativ trüb erscheinen, weil der Teil aus Fasern und Schaum sich auf der Oberfläche absetzen wird.
5. Wenn jedoch klarer Saft gewünscht wird, den Saft mit Hilfe eines engmaschigen Siebes filtern.

Rezepteigenschaften:
Der Kaktusfeigen-Birnen-Saft ist eine gute Wahl um winterlichen Erkrankungen vorzubeugen und die Darmtätigkeit zu regeln. Geeignet für Menschen die an Verstopfung leiden und für solche die Bewegung an der frischen Luft mögen. Geeignet für Abnehmkuren in Herbst und Winter.

*Die **Kaktusfeige** ist sehr hilfreich in der Behandlung der benignen Prostatahyperplasie. Sie hat auch abführende Eigenschaften aufgrund des Gehalts an Ballaststoffen und Antioxidantien, sowie Indicaxanthin, die Cholesterin bekämpfen. Nicht geeignet für Menschen die an Divertikulitis leiden, da die große Menge an Kernen Probleme in der Verdauung verursachen kann.*
*Die **Birne** ist reich an Ballaststoffen, an Vitamin C und an Antioxidantien, vor allem die der Polyphenole, sehr gut geeignet für die Behandlung von kardiovaskulären Erkrankungen.*

ERDBEER-ORANGEN-SAFT

1 Person

200 g Erdbeeren
1 Bio-Orange
1 Holzspieß
Eis (fakultativ)

Schwierigkeitsgrad:
EINFACH
Zubereitungszeit:
8 Minuten
Kalorien:
88 kcal

1. Die Erdbeeren unter laufendem Wasser abwaschen ohne sie ganz in Wasser einzutauchen. Den Stiel entfernen und 2 Erdbeeren beiseitelegen, die später für den Holzspieß verwendet werden.
2. Die Orange waschen, halbieren und eine Scheibe für die Dekoration abschneiden.
3. Erst die Erdbeeren und dann die Orangen in den Entsafter geben. Wenn der Geschmack der Orangenschale gewünscht wird, die Frucht mit Schale verarbeiten, ansonsten vorher entfernen.
4. Den Saft in ein Glas füllen, die Erdbeeren und die Orangenscheibe aufspießen und in den Saft tauchen.
5. Das Getränk ist sehr durstlöschend und mit der Zugabe von einigen Eiswürfel perfekt für die warmen Monate.

*Die **Erdbeere** hat eine Antifalten-Wirkung, bekämpft Cellulite und hellt die Zähne auf. Sie enthält eine große Menge Flavonoide (Catechin, Quercetin, Kampfer, Anthozyanin), sowie Polyphenole, Resveratrol, Vitamin C und Ellagsäure, das sind alle antioxidative Substanzen.*
*Die **Orange** ist reich an Vitaminen, vor allem an Vitamin C und der Gruppe B und füllt die Mineralienreserven schnell wieder auf, besonders an Kalium und Magnesium. Sehr gut geeignet in Kälteperioden zur Vorbeugung von Infekten.*

Rezepteigenschaften:
Der Erdbeer-Orangen-Saft ist ein erfrischendes Getränk, sehr gut für Kinder, Sportler oder für Personen in Erholungsphasen nach grippalen Infekten und für Personen auf Diät. Seine Erscheinung ist angenehm und die Mischung ist leicht anregend.

2 Personen

- 1 Zitrone
- 1 kleines Stück Ingwer, ca. 5 cm lang
- 2 Granatäpfel
- 10 Eiswürfel

GRANATAPFEL-INGWER-SAFT

1. Die Zitrone auspressen und den Saft filtern.

2. Ingwer schälen und in Stücke schneiden. Die Granatäpfel öffnen, die weiße Haut von den Kernen entfernen, in einer Schüssel sammeln, dann mit dem Ingwer im Entsafter verarbeiten.

3. Den Saft und den Zitronensaft in den Shaker geben, Eiswürfel hinzufügen, mischen und schütteln. Das Getränk in die Gläser geben und sofort genießen.

4. Dieses Getränk hat eine aufregende Farbe, besitzt eine wunderbare Frische und ist zudem sehr durstlöschend. Perfekt während oder nach sportlicher Aktivität, vor allem weil Ingwer und Zitrone oxydative Prozesse aufhalten.

Schwierigkeitsgrad:
MITTEL
Zubereitungszeit:
15 Minuten
Kalorien:
70 kcal pro Person

Rezepteigenschaften:

Der Granatapfel-Ingwer-Saft duftet intensiv, ist erfrischend und regenerierend. Sein Verzehr ist angezeigt bei Abnehmdiäten und bietet eine angemessene Menge an Antioxidantien und Substanzen die gegen entzündlichen Erkrankungen und Erkältungskrankheiten wirken.

*Der **Granatapfel** ist sehr reich an Vitamin C und enthält viele wichtige Elemente, wie die Flavonoide, die in der Lage sind, das Immunsystems zu anzuregen und zudem auch positiv auf die Gesundheit von Knochen, Herz und Blutgefäße sowie auf endokrine Drüsen wirken. Sein Verzehr wirkt entwässernd und fängt die häufig während der Wechseljahre auftretenden Stimmungsschwankungen auf. Seine Ballaststoffe begünstigen die Verdauung. Der **Ingwer** übt eine entschlackende Funktion aus, ist digestiv und aktiviert die Gallenblasenfunktion. Er hat antientzündliche Eigenschaften und ist eine große Hilfe bei der Bekämpfung von Übelkeit, die von Reiserkrankheit oder Schwangerschaft verursacht wird.*

1 Person

1 rosa Bio-Pampelmuse
1 Bio-Zitrone
4 Schoten Kardamom
1 Prise Zimt

PAMPELMUSEN-ZITRONEN-SAFT MIT GEWÜRZEN

Schwierigkeitsgrad:
EINFACH
Zubereitungszeit:
10 Minuten
Kalorien:
50 kcal

1. Dieser Saft ist sehr schnell und einfach zuzubereiten! Es genügt eine Saftpresse oder ein Entsafter, man sollte nur darauf achten, dass die weißen Teile, die die Spalten bedecken, entfernt werden und dass nur wenig Schale verwendet wird (nur von Bio-Obst!), diese dann in kleine Stücke schneiden.

2. Die Kardamom-Schoten im Mörser zermahlen. Die Zitronen waschen und halbieren. Eine Zitronenscheibe beiseitelegen zur Dekoration des Saftes, dann die Zitronen entsaften.

3. Den Saft in ein Glas füllen, Kardamom-Pulver hinzugeben, mit der Zitronenscheibe garnieren und mit Zimt bestreuen.

4. Den Saft sofort trinken, um seinen überraschenden Geschmack sowie die besonderen Eigenschaften zu genießen.

Rezepteigenschaften:

Der Pampelmusen-Zitronen-Saft mit Gewürzen ist sehr regenerierend, hydrierend und erfrischend. Ein sehr nützliches Getränk zur Stärkung der Immunabwehrkräfte und den Krankheiten, die mit Kälte und Dehydrierung zusammenhängen. Sein Verzehr wird empfohlen bei Diäten und um vor Alterserkrankungen zu schützen.

*Die **Zitrone** bekämpft Alterserscheinungen und Venenerkrankungen.*
*Die **Pampelmuse** ist reich an Vitamin C, verbessert die Gefäße und den Kreislauf. Sie hat antigrippale, entzündungshemmende, regenerierende Eigenschaften und begünstigt die Immunabwehr. Sie verlangsamt die Alterung, spendet den Geweben Sauerstoff und bekämpft Cellulite.*
*Der **Kardamom** wird als „Fettverbrenner" bezeichnet, weil er den Stoffwechsel anregt. Er hat verdauungsfördernde, entzündungshemmende Eigenschaften und stärkt das Immunsystem.*
*Der **Zimt** ist wichtig während der Genesungsphasen, begünstigt die Verdauung und wirkt antientzündlich. Er wirkt sich außerdem positiv auf die Stimmung aus und scheint aphrodisierende Eigenschaften aufzuweisen.*

2 Personen

100 g Johannisbeeren
200 g Himbeeren
200 g Erdbeeren
50 ml Mineralwasser

GEFILTERTE ERDBEER-HIMBEER-JOHANNISBEER-SAFT

1. Die Erdbeeren, Himbeeren und Johannisbeeren separat putzen. Einige Früchte zur Dekoration beiseitelegen.
2. Die kleinen Johannisbeeren vom Stängel lösen und mit einem Mörser, wenn möglich aus Marmor, leicht zerstampfen, dann durch einen engmaschigen Sieb geben und den Saft in einem Behälter auffangen.
3. Das Gleiche auch mit den Himbeeren und Erdbeeren durchführen. Diese Vorgehensweise, die relativ langwierig ist, sichert ein gelungenes Ergebnis!
4. Die Säfte von Johannisbeere, Himbeere und Erdbeere mischen, mit etwas Wasser verdünnen und in die Gläser füllen.
5. Mit dem restlichen Obst dekorieren und sofort servieren.

Schwierigkeitsgrad:
MITTEL
Zubereitungszeit:
20 Minuten
Kalorien:
70 kcal pro Person

Rezepteigenschaften:
Der gefilterte Erdbeer-Himbeer-Johannisbeer-Saft ist ein Getränk, das ein Anti-Aging-Effekt beherbergt. Vor allem ist er reich an aktiven Substanzen die den Blutkreislauf schützen. Außerdem hat er auch eine tumorvorbeugende Eigenschaft und regt das zentrale Nervensystem an.

Die ***Erdbeere*** *besteht zu 90 % aus Wasser und enthält eine große Menge an antioxidativen Substanzen. Ist geeignet für Abnehmdiäten und ist hydrierend sowie hilfreich in der Bekämpfung von Cellulite.*
Die ***Himbeere*** *ist reich an Vitaminen (C und A vor allem), Zitronensäure, Fructose, Pektine und Tannine, aber vor allem reich an einem sehr starken antioxidativen Flavonoid.*
Die ***rote Johannisbeere*** *weist hohe Mengen an Antioxidantien vor, vor allem an Flavonoide, die degenerative Krankheiten bekämpfen. Sie hat auch eine entzündungshemmende und antivirale Wirkung.*

SÄFTE, EMULSIONEN UND GEMÜSE-SMOOTHIES

NAHRHAFT UND LECKER

von Cinzia Trenchi

„Nicht nur süß" ist das Motto in diesem Abschnitt, der vor allem dem Gemüse gewidmet ist: Bitter, scharf und aromatisch sind willkommene Geschmacksrichtungen! Das Gemüse verwandelt sich in köstliche Säfte, durstlöschende Smoothies, nahrhafte und leckere Emulsionen, mit unerwarteter Geschmacksvielfalt und anregenden Kombinationen aus Geschmack und Farbe. Mit seinem prozentual hohen Wasseranteil und den hervorragenden Eigenschaften ist das Gemüse eine optimale Zutat für Säfte und sehr nützlich bei hypokalorischen Diäten, wobei es dem Gemüse auf dem Teller in puncto Geschmack und Schönheit in nichts nachsteht.

Fast alle Gemüsesorten eignen sich für die Zubereitung von Säften: wunderbar der Löwenzahn, dessen dunkelgrüner Extrakt und leicht bitterer Geschmack mit Sojasprossen gemildert werden kann; optimal sind auch Spinat, Brokkoli, Möhren, Fenchel, Knollensellerie und so weiter.

Sie werden über die Farben staunen, die bei den Zubereitungen entstehen: intensives Rot bei der roten Bete, Orange bei den Möhren und viele Nuancen von Grün, vom helleren Grün der Sellerie bis zum intensiveren Grün der Brokkoli. Und weiter geht's mit Dunkelviolett beim Rotkohl und Grün, Gelb und Rot bei der Paprika. Ein leichter, weicher Schaum und eine dezente Luftigkeit vervollständigen die Zubereitungen, die genauso schön wie gesund sind. Manchmal stellt das Hinzugeben von Saft aus Zitrusfrüchten eher ein Würzen als ein Mischen dar: so reichen bereits wenige Tropfen Zitrone, Limette oder Orange, um den intensiven Geschmack abzumildern, der anfänglich etwas befremdlich wirken kann. Oder bei den Emulsionen, die dank einiger Tropfen Öl an Weichheit und Cremigkeit gewinnen, wie beispielsweise bei denen aus Tomaten, Gurken und Knollensellerie. Nicht zu vergessen, die aromatischen Kräuter, um zu dekorieren, abzuschmecken und eine einfache Zubereitung in eine schmackhafte Besonderheit zu verwandeln.

VITALE ANTIOXIDANTIEN

von Maurizio Cusani

Das Gemüse ist wichtig für die Gesundheit und Hauptdarsteller unseres Wohlbefindens. Eine unersetzliche Quelle an Vitaminen, Mineralien und Ballaststoffen. Seine Farbe ist auf das Vorhandensein besonderer funktioneller Substanzen zurückzuführen: gelb-oranges Gemüse (wie Möhre oder Kürbis) ist reich an Vitamin A und Carotinoiden, grünes Gemüse (wie Spinat oder Salat) enthält Lutein und Folsäure und rotes Gemüse (wie Tomaten oder Paprika) Lycopene und Antioxidantien.

Das ist der Grund, warum Sie Gemüse in den Farben variieren sollten, denn dies ist die richtige Präventionsstrategie und außerdem eine echte Augenweide sowie eine Anregung für das Nervensystem. Getränke auf Gemüsebasis sind hypokalorisch, haben einen hohen Sättigungsgrad und sind außerordentlich reich an Antioxidantien, die lebensnotwendig sind, um den Körper jung zu halten.

Smoothies und Gemüsekonzentrate eignen sich daher bestens zur Gewichtsreduzierung und um jung und fit zu bleiben. Jedoch sind diese Getränke weniger energetisch als diejenigen aus Obst und die Energiezufuhr erfolgt nicht sofort. Oft haben sie jedoch selektivere Auswirkungen auf unsere Organe. Für die Leber zum Beispiel sind bittere Kräuter und andere Wildkräuter wie Löwenzahn, aber auch rote Bete, Möhren und Sellerie geeignet, wenn sie mit Kräuter wie Oregano, Minze und vielen anderen kombiniert werden. Die Kreuzblütler (Rotkohl, Brokkoli und ähnliche) sind sehr bekannt als Antioxidantien mit Anti-Aging- und antitumoraler Wirkung. Sie sollten außerdem berücksichtigen, dass die faserige Komponente des Gemüses die Aufnahme von Zucker durch den Verdauungsapparat verlangsamt; dies ist sehr wichtig für die Bauchspeicheldrüse, die dadurch nicht einem sofortigen Schock zur Produktion von Insulin angeregt wird. Personen die für Diabetes prädisponiert sind, sollten also die Gemüse-Smoothies den Obst-Smoothies vorziehen.

1 Person

6 Kirschtomaten
6 Spargel
100 ml Gemüsebrühe
1 Teelöffel Extra Natives Olivenöl
Salz und Pfeffer

SPARGEL-TOMATEN-SMOOTHIE

1. Die Tomaten waschen, in Stücke schneiden und in den Mixer geben zusammen mit einem halben Teelöffel Öl, Salz und Pfeffer nach Bedarf und 2 Löffel Brühe.
2. Den Mixer betätigen und solange bearbeiten bis eine weiche und glatte Emulsion entstanden ist. In ein Glas füllen und den Mixerbecher auswaschen.
3. Die Spargel schälen, den harten holzigen Teil entfernen und den Rest zerteilen. Zusammen mit der zimmerwarmen Gemüsebrühe in den Mixer geben, dann das restliche Öl und 1 Prise Salz und Pfeffer je nach Bedarf hinzufügen.
4. Den Spargelsmoothie zu der Tomatencreme geben und diese Zubereitung sofort genießen. Sie kann ohne Probleme eine leichte Mahlzeit ersetzen und schmeckt wunderbar.

Schwierigkeitsgrad:
EINFACH
Zubereitungszeit:
10 Minuten
Kalorien: **120 kcal**

Rezepteigenschaften:
Der Spargel-Tomaten-Smoothie ist sehr entwässernd und reinigend, hat entzündungshemmende und abmagernde Eigenschaften. Die Inhaltsstoffe sind reich an Schwefel, vermindern den arteriellen Blutdruck und können die Herzaktivität begünstigen.

*Die **Tomate** ist dank der Lycopene, aus denen sie besteht, eine große Hilfe gegen Wassereinlagerungen und hilft dabei, die Haut straff zu halten.*
*Der **Spargel** gehört zur selben botanischen Familie des Knoblauchs und des Aloe, Pflanzen die viele Schwefelverbindungen enthalten. Diese sind in der Lage entzündungshemmend, hypotonisch, kardiotonisch, schleimlösend zu wirken, sowie gegen Parasiten und Diabetes zu wirken. Reich an Saponinen, Polyphenolen und Kalium, das sind die Substanzen, die den Spargel entwässernd wirken lassen. Traditionell wird es angewandt als Nierenentwässerungsmittel, sowie für die Bronchien und Leber. Die große Menge Wasser aus denen er besteht, garantiert einen hohe Sättigung und wenige Kalorien, so dass er ein ideales Nahrungsmittel bei Abnehmdiäten ist.*

2 Personen

200 g Sellerie
2 Möhren

2 Orangen
Salz und Pfeffer

MÖHREN-SELLERIE-ORANGEN-SMOOTHIE

1. Die Sellerie waschen, die beschädigten Stellen entfernen, in kleine Stücke passend zum Entsafter schneiden und in das Küchengerät geben.

2. Die Möhren waschen, schälen oder reiben je nach Bedarf, in Stücke schneiden.

3. Die Orangen halbieren und auspressen. Wenn der Geschmack der Schale gewünscht wird und wenn die Früchte biologisch angebaut sind, kleine Schalenstücke entnehmen und zu den anderen Zutaten in den Mixer oder Entsafter geben.

4. Da die Schale einen sehr starken Geschmack hat, kann sie den Geschmack anderer Zutaten übertünchen, daher empfehlen wir nur eine kleine Menge zu verwenden, falls man diesen Geschmack nicht bereits gewöhnt ist.

5. Die Möhren und den Orangensaft sowie Selleriesaft mixen, vermischen, salzen und pfeffern je nach Bedarf und diesen vitaminisierenden und belebenden Mix genießen.

Schwierigkeitsgrad:
EINFACH
Zubereitungszeit:
10 Minuten
Kalorien:
140 kcal pro Person

Rezepteigenschaften:

Der Möhren-Sellerie-Orangen-Smoothie ist ein entwässerndes Getränk, reinigend, entzündungshemmend, hypokalorisch und reich an Antioxidantien, die die freien Radikale stören, die für alle degenerativen Prozesse des Gewebes und für die Alterung verantwortlich sind.

Der ***Sellerie*** *hat einen reinigenden Effekt, wirkt dank der Asparaginsäure entwässernd und ist ein natürliches Aufputschmittel.*
Die ***Orange*** *ist reich an Vitamin C, wirkt entschlackend und entzündungshemmend. Sie ist eine optimale Quelle für Antioxidantien, die außer die durch freien Radikale hervorgerufenen Alterungserscheinungen zu bekämpfen, auch noch der Stärkung des Immunsystem dienen und zur Funktion des Stoffwechsel beitragen. Sie hat außerdem eine entwässernde Wirkung und ist ein gutes Hilfsmittel gegen Cellulite.*
Die ***Möhre*** *begünstigt die Nachtsicht-Fähigkeit, ist reich an Vitamin A und B und enthält viele Mineralien und Ballaststoffe. Seine Zucker werden schnell absorbiert.*

2 Personen

2 Gurken
4 Lauchzwiebeln
Einige aromatische Kräuter: Fenchel, Oregano, Salbei und Boretsch

2 Limetten
1 Löffel Extra Natives Olivenöl
Salz und Pfeffer
Essbare Blumen zum Dekorieren

GURKEN-SMOOTHIE MIT LIMETTENSAFT, LAUCHZWIEBELN, AROMATISCHE KRÄUTER

1. Die Gurken, Lauchzwiebeln und Kräuter waschen. Die Limetten auspressen und den Saft filtern. Bei den Gurken nur die Hälfte der Haut entfernen, die Enden abschneiden und in kleine Stücke schneiden (so ist es einfacher mit wenig Flüssigkeit zu mixen!)

2. Die äußeren Teile der Lauchzwiebeln entfernen, die Wurzeln und die dunkelgrünen Blätter entfernen, die Lauchzwiebeln in Stücke schneiden und zur Gurke geben. Folgende Zutaten hinzufügen: 1 Salbeiblatt, 1 Messerspitze Fenchelsamen und Oregano, 2 Blätter Borratsch und die Mischung in den Mixerbecher geben.

3. Den Limettensaft hinzugeben, das Öl, Salz und Pfeffer nach Bedarf und so lange verarbeiten, bis man eine weiche und gleichförmige Konsistenz erhält.

4. Den Smoothie in die Gläser füllen, mit den restlichen Kräutern und Blumen dekorieren und sofort servieren.

5. Er ist ein optimaler Ersatz für eine kalte Mahlzeit, perfekt für die warmen Monate und für eine wohltuende Wirkung bei niedriger Kalorienzufuhr und einem tollen Geschmack!

Schwierigkeitsgrad:
EINFACH
Zubereitungszeit:
8 Minuten
Kalorien:
90 kcal pro Person

Rezepteigenschaften:
Dieser Smoothie ist ein sehr gesundes Getränk, sehr hilfreich bei Abnehmdiäten und Entschlackungskuren, da entschlackend und hypokalorisch. Er hat eine große Sättigungswirkung. Reich an Antioxidantien, sehr wichtig für die Vorbeugung von allen mit dem Alter zusammenhängenden Krankheiten.

*Die **Gurke**, ursprünglich aus Nordindien, ist in Südeuropa seit Jahrtausenden vorhanden. Sie ist ideal für hypokalorische Diäten, weil sie viel Tartarsäure enthält, die Zucker daran hindert sich in Fett zu verwandeln und sehr sättigend ist.*
*Die **Lauchzwiebel** ist wie die Zwiebel eine Knolle voller Mineralien und Vitamine, sehr aromatisch und wohlschmeckend.*
*Die **Limette** enthält Substanzen, die für die Bekämpfung von Rheuma und Autoimmunerkrankungen geeignet sind,*
*Die **aromatischen Kräuter** (Thymian, Oregano, Salbei, etc.) sind reich an antioxidativen Substanzen und Flavonoiden.*

2 Personen

- 1 Sellerieherz
- 2 Möhren
- 8 lila Salbeiblätter
- 50 g vorgekochter Mais
- Salz und Pfeffer

MAIS-SMOOTHIE MIT MÖHREN- UND SELLERIE-SAFT

1. Sellerie putzen, waschen und in Stücke schneiden, passend zum Küchengerät.
2. Die Enden der Möhren entfernen, schälen oder reiben je nach Bedarf, dann in Stücke schneiden und zur Sellerie dazugeben.
3. Den Salbei waschen, trocknen und beiseitelegen.
4. Die Möhren mit der Sellerie in den Entsafter geben, den Saft auffangen und in den Mixerbecher geben.
5. Den Mais hinzufügen,das Küchengerät aktivieren und alles so lange mixen bis eine weiche, glatte gut vermischte Creme entsteht.
6. Mit Salz und Pfeffer nach Bedarf würzen, mit Salbei servieren und sofort verzehren.
7. Perfekt als Mahlzeitenersatz oder als Snack, ein sehr angenehmer Smoothie und in der Lage gut zu sättigen.

Schwierigkeitsgrad:
EINFACH
Zubereitungszeit:
10 Minuten
Kalorien:
140 kcal pro Person

Rezepteigenschaften:
Der Mais-Smoothie mit Möhren- und Sellerie-Saft ist hypokalorisch, abmagernd und eubiotisch sowie wohltuend für den gesamten Verdauungsapparat. Er agiert reinigend für den Körper und vor allem für Niere und Leber. Dieses Getränk ist ein exzellentes Entgiftungsmittel, entwässernd und abschwellend.

*Der **Mais** ist eine Cerealie aus der Familie der Süßgräser.*
Sie enthält die Vitamine A, E und die der Gruppe B, außerdem noch ungesättigte Fettsäuren, Mineralien (Kalium, Magnesium, Selen, Eisen, Zink, Kupfer), Proteine (Zein, Zeatin, etc.) mit einem hohen Gehalt an biologischen Aminosäuren, die ca. 80/85 % des Maiskorns ausmachen.
*Der **Möhrensaft** ist ein großer Regulierer der Darmflora und ist ideal bei Genesung von Gastroenteritis oder nach einer Antibiotika-Therapie.*
*Die **Sellerie** hat einen reinigenden und entwässernden Effekt.*

2 Personen

2 Paprika
100 g Kirschtomaten
1 Lauchzwiebel
2 Limette
5 Eiswürfel
Salz und Pfeffer

Schwierigkeitsgrad:
EINFACH
Zubereitungszeit:
10 Minuten
Kalorien:
53 kcal pro Person

PAPRIKA-LAUCHZWIEBEL-LIMETTEN-SMOOTHIE

1. Die Paprika waschen, den Stiel entfernen, die Samen und die weißen Teile entfernen und in Stücke schneiden.

2. Die Lauchzwiebel waschen, die äußeren Teile entfernen, sowie die dunkelgrünen Teile und die Wurzeln in Stücke schneiden und einen Teil beiseitelegen, um den Smoothie zu würzen und zu dekorieren.

3. Die Limette mit einer Saftpresse auspressen und in den Mixerbecher geben, dann Lauchzwiebeln und die Paprika sowie Eiswürfel hinzufügen und die Zutaten solange mixen, bis eine homogene, glatte und flüssige Mischung entsteht.

4. Mit Salz und Pfeffer würzen, in die Gläser füllen und dann mit der Lauchzwiebel garnieren und sofort servieren. Ein perfekter Smoothie in den warmen Monaten, erfrischend, anregend und ein tolles Aperitif.

*Die **Limette** enthält eine große Menge Zitronensäure, die Fette auflöst und bei der Gewichtsabnahme hilft.*
*Die **Lauchzwiebel** ist schleimlösend, entwässernd, anregend, verdauungsfördernd und baut Blutzucker ab.*
*Die **Paprika** ist reich an Carotinoide und Antioxidantien.*

Rezepteigenschaften:
Der Paprika-Lauchzwiebel-Limetten-Smoothie ist geeignet für Abnehmkuren aller Art, beinhaltet Inhaltsstoffe, die Fett verbrennen und antioxidativ und reinigend wirken. Es ist ein optimales Getränk für die Energie-Regeneration, vor allem für Erwachsene und ältere Menschen.

TOMATEN-SMOOTHIE MIT OLIVEN, LAUCHZWIEBELN UND KAPERN

2 Personen

3 Tomaten
2 Lauchzwiebeln
10 Oliven
10 Kapern in Salzlake
1 Löffel Extra Natives Olivenöl

Schwierigkeitsgrad:
EINFACH
Zubereitungszeit:
10 Minuten
Kalorien:
110 kcal pro Person

1. Die Tomaten waschen und häuten, die Kerne entfernen und direkt in den Mixerbecher schneiden.

2. Die Lauchzwiebeln waschen, die äußeren Teile entfernen, die Wurzeln und dunkelgrünen Blätter entfernen (zwei Blätter für die Dekoration beiseitelegen), dann in Stücke schneiden.

3. Die Lauchzwiebeln, 2 oder 3 Oliven, 4 Kapern (ungewaschen), Öl hinzugeben und das Küchengerät so lange betätigen bis eine cremige und weiche Mischung entsteht.

4. In die Gläser füllen, mit den Lauchzwiebelblättern dekorieren und mit Kapern und Oliven servieren.

*Die **Tomate** ist ein hervorragender Aktivator des Stoffwechsels und beeinflusst die Bildung von Hautstreifen.*
*Die **Kapern** liefern eine nicht unbeträchtliche Quelle an Proteinen, Vitaminen A, E, K, aus der B- Gruppe und Mineralien wie: Eisen, Kupfer, Mangan und Magnesium.*
*Die **Oliven** sind reich an Ölsäure, die für die schützende Wirkung auf Kreislauf bekannt ist. Enthalten fettlösliche Vitamine sowie Phytosterole mit großen antioxidativen und Anti-Aging Eigenschaften.*
*Die **Lauchzwiebel** hat einen hohen Nährstoffwert, Dank der vorhandenen Mineralien und Vitamin C.*

Rezepteigenschaften:
Der Tomaten-Smoothie mit Oliven, Lauchzwiebeln und Kapern ist hypokalorisch und wohlschmeckend, reich an Wirkstoffen, vor allem Mineralien, ungesättigte Fettsäuren und Vitaminen. Er wirkt anregend und begünstigt die Verdauung.

2 Personen

300 g reife Kirschtomaten
Salbei, Basilikum und Oregano
2 Löffel Extra Natives Olivenöl
2 Löffel Zitronensaft
Salz und Pfeffer

TOMATEN-SMOOTHIE MIT FRISCHEM OREGANO

1. Die Tomaten waschen, halbieren oder vierteln, je nach Größe und in den Mixer geben.
2. Die aromatischen Kräuter putzen, einige Blätter beiseitelegen für die Dekoration und dann zu den Tomaten dazugeben.
3. Öl, eine Prise Oregano, Zitronensaft, Salz und Pfeffer nach Bedarf hinzufügen.
4. Diese Emulsion kann mit dem Mixer oder Pürierstab zubereitet werden.
5. Die Zutaten solange verarbeiten, bis eine gleichmäßige, weiche und schaumige Mischung entsteht.
6. Die Mischung in Gläser füllen, mit den aromatischen Kräutern dekorieren, so dass es schön anzusehen ist und noch besser schmeckt.
7. Anregend, lecker und ein optimaler Aperitif oder ein etwas anderer Snack für den Sommer!

Schwierigkeitsgrad:
EINFACH
Zubereitungszeit:
8 Minuten
Kalorien:
115 kcal pro Person

Rezepteigenschaften:
Der Tomaten-Smoothie mit frischem Oregano ist reich an Antioxidantien und hat einen Anti-Aging-Effekt. Geeignet für Abnehmdiäten und auch hilfreich bei der Vorbeugung von Cellulite und Kreislauferkrankungen. Ist antiseptisch und scheint eine wichtige Rolle in der Vorbeugung der Prostata-Alterung zu spielen.

*Die **Tomate** ist antioxidativ, da sie die Vitamine A und E sowie Lycopene und Betacarotin enthält. All diese Substanzen sind bekannt als schützend gegen Tumore und degenerative Erkrankungen. Sie helfen dem Herzen, dem Kreislauf und beschützen die Sehkraft. Lycopene sind gekocht aktiver als roh. Der **Oregano** ist ein aromatisches Kraut, reich an antioxidativen Phenolen, Vitamine und Mineralien wie Eisen, Kalium, und Mangan. Sie enthält wirksame entzündungshemmende, antiseptische und antibiotische Eigenschaften, sehr hilfreich vor allem bei Atemerkrankungen. Sie übt eine schützende Funktion zur Vorbeugung von Prostata-Tumoren aus. Neben allen Vitaminen ist insbesondere Vitamin C enthalten.*

2 Personen

1 Sellerieherz
2 mittelgroße reife Tomaten
200 g Knollensellerie schon fertig geputzt
1 Löffel Extra Natives Olivenöl
50 ml Tomatensaft
Salz und Pfeffer

KNOLLENSELLERIE-TOMATEN-SMOOTHIE

1. Sellerieherz putzen, einige Blätter für die Dekoration beiseitelegen und den Rest in kleine Stücke schneiden, die zum Küchengerät passen.

2. Die Tomaten waschen, den Stiel entfernen und wenn gewünscht auch Haut und Kerne entfernen.

3. Die Knollensellerie in kleine Stücke schneiden und zusammen mit dem Öl, dem Sellerie, dem Tomatensaft und den Tomatenstücken in den Mixerbecher geben.

4. Den Mixer so lange betreiben bis eine weiche und glatte Creme entsteht, dann nach Bedarf würzen, erneut mischen, in Schälchen oder Kelche gießen und mit den Sellerieblättern dekorieren, danach sofort servieren.

Schwierigkeitsgrad:
EINFACH
Zubereitungszeit:
10 Minuten
Kalorien:
50 kcal pro Person

Rezepteigenschaften:
Der Knollensellerie-Tomaten-Smoothie ist ein entschlackendes Getränk abmagernd, entwässernd, reinigend, hypokalorisch und reich an Substanzen, die gegen Tumore und degenerative Krankheiten schützen. Er ist wichtig für alle Kreislauferkrankungen und zur Bekämpfung von Venenerkrankungen.

*Die **Tomate** besteht zu über 90 % aus Wasser, wenigen Kohlenhydraten, und kaum vorhandene Fette. Fast 2 % bestehen aus Ballaststoffen und ca. 1 % aus Proteinen. Die Zuckerarten sind Glukose und Fruktose, während die am meisten vorhandenen Säuren, die Zitronensäure die 90 % seiner Gesamtsäuren darstellt, sowie die Apfelsäure.*
*Die **Knollensellerie** ist ein Gemüse das ganz wenige Kalorien enthält. Sein Geschmack, der ein wenig leichter im Vergleich zu dem der Sellerie ist, macht dieses Gemüse geeignet für Rezepte, wo es als Geschmacksträger eingesetzt wird.*

2 Personen

300 g rote Bete aus dem Ofen
200 g Knollensellerie
2 Zitronen

ROTE BETE-SAFT MIT KNOLLENSELLERIE UND ZITRONE

Schwierigkeitsgrad: **EINFACH**
Zubereitungszeit: **10 Minuten**
Kalorien: **60 kcal pro Person**

1. Den äußeren Teil der Roten Beete entfernen und diese dann in Stücke schneiden.
2. Knollensellerie putzen, waschen und in Stücke schneiden, passend zum Küchengerät.
3. Den Zitronensaft auspressen und filtern.
4. Erst die Knollensellerie und dann die Rote Bete entsaften. Den Zitronensaft hinzufügen, alles vermischen und in Gläser füllen.
5. Ein optimaler Aperitif mit anziehender Farbe und angenehmen Geschmack, aber vor allem eine große Hilfe bei Abnehmdiäten, weil er den Fettabbau fördert!

Rezepteigenschaften:
Der Rote Bete-Saft mit Knollensellerie und Zitrone ist nicht nur abmagernd, sondern hoch energetisierend und reich an Substanzen zur Erholung nach psychophysischer Aktivität. Es ist ein sättigendes Getränk und enthält viele Substanzen zum Schutz des Körpers.

*Die **Rote Bete** ist ein hypokalorisches Nahrungsmittel und enthält Proteine, Ballaststoffe und Glycide in ausgewogener Menge. Sie ist reich an Kalium und Vitamin A und C. Ihre Auszüge können die Stressresistenz erhöhen, weil die Nitrate aus denen sie teilweise besteht in der Lage sind, den Sauerstoffverbrauch zu vermindern, die Anstrengung zu vermindern und somit sportliche Leistungen zu verbessern.*
*Die **Zitrone** erhält die Zahngesundheit, das Zahnfleisch, die Kapillaren und begünstigt die Wundheilung.*
*Die **Knollensellerie** enthält Kalium, Calcium, Phosphor, Magnesium, Selen und eine große Portion Vitamin A, C und K sowie Ballaststoffe.*

1 Person

200 g Brokkoli
50 g Sojasprossen
1 Teelöffel Apfelessig
Salz und Pfeffer (fakultativ)

BROKKOLI-SOJASPROSSEN-SAFT

1. Die Brokkoli waschen, einige Minuten im Wasser lassen, abtropfen, dann in Stücke schneiden passend zum Entsafter.
2. Die Sojasprossen säubern, waschen und in einem Sieb trocknen lassen.
3. Die Brokkoli und 2/3 der Sojasprossen in den Entsafter geben, den Saft auffangen, diesen mit Essig und nach Bedarf mit Salz und Pfeffer würzen.
4. Den Saft in einen Kelch oder in ein Glas geben, die übrig gebliebenen Sojasprossen dazu geben und dieses gesunde Getränk schnell genießen.
5. Diese Mischung kann auch eine sehr gute Würze für Suppen, Salate oder gekochtes Gemüse sein.

Schwierigkeitsgrad:
EINFACH
Zubereitungszeit:
10 Minuten
Kalorien:
70 kcal

Rezepteigenschaften:
Der Brokkoli-Sojasprossen-Saft ist nicht nur abmagernd und entgiftend, sondern enthält auch Antioxidantien die wichtig sind in der Vorbeugung von degenerativen Krankheiten, vaskuläre Krankheiten sowie Tumoren. Das Getränk ist besonders geeignet für Erwachsene und ältere Menschen.

*Die **Brokkoli** ist, wie alle Kreuzblütler, vorbeugend gegen Tumore und das hohe Gehalt an Protein schützt auch vor Augendegenerationen, vor allem wenn roh verzehrt. Hypokalorisch, enthält es viele Ballaststoffe und es sehr nützlich bei Abnehmdiäten und bei Genesung.*
*Die **Sojasprossen**, haben sowohl roh als auch gekocht wohltuende Wirkungen auf unseren Körper. Sie helfen dabei Cholesterin zu senken, säubern die Arterien, sind entwässernd und somit geeignet für Personen die auf eine besonders gesunde Ernährung achten müssen. Die wenigen Kalorien der rohen Sojasprossen machen sie perfekt für hypokalorische Diäten.*

2 Personen

1 Pampelmuse
4 Möhren
1 Löffel Extra Natives Olivenöl

1 Teelöffel mit diversen Aromen: Pfeffer Rosa und Schwarz, Kümmel, getrocknete aromatische Kräuter
Salz

MÖHREN-PAMPELMUSEN-SAFT MIT GEWÜRZEN

1. Die Pampelmuse waschen, halbieren und entsaften. Den Saft auffangen und filtern.

2. Die Möhren waschen und abbürsten oder je nach Bedarf schälen. In kleine Stücke je nach Größe von Extraktor oder Küchengerät oder Entsafter schneiden.

3. Durch den Extraktor oder Entsafter erhaltenen Möhrensaft mit dem Pampelmusensaft vermischen.

4. Mit Öl würzen, die aromatischen Kräuter und Gewürze sofort nach dem Mörsern hinzufügen.

5. Salz je nach Bedarf hinzufügen, vermischen, in Gläser geben und sofort trinken.

6. Das Getränk ist geeignet für alle, die besondere und anregende Geschmäcker mögen. Das Getränk ist extrem durstlöschend und kann aufgrund seines Geschmacks eine kalte Mahlzeit ersetzen.

Schwierigkeitsgrad:
EINFACH
Zubereitungszeit:
8 Minuten
Kalorien:
144 kcal pro Person

Rezepteigenschaften:

Der Möhren-Pampelmusen-Saft mit Gewürzen ist ein energetisierendes und gesundes Getränk, geeignet für Abnehmdiäten, zur Vorbeugung von degenerativen Alterserkrankungen und zur Vorbeugung von Kreislauferkrankungen sowie einige Tumoren.

*Die **Pampelmuse** enthält Pektine, Vitamin A, C und E. Sie wurde als wirksam gegen degenerative Erkrankungen anerkannt.*
*Die **Möhre**, die meist verwendete Wurzel unter den Nahrungsmittel, enthält leicht absorbierbare Zuckerarten und enthält viele Mineralien und Ballaststoffe.*
*Die **Gewürze** (Pfeffer, Ingwer, Zimt, Muskatnuss, etc.) aktivieren den Stoffwechsel und sind hypokalorisch und leicht verdaulich.*
*Das **Extra Native Olivenöl** ist reich an antioxidativen Substanzen, die den Kreislauf schützen, begünstigt das gute Cholesterin, und vermindert das schädliche Cholesterin.*

1 Person

300 g violetter Blumenkohl

1 Fenchel

VIOLETTER BLUMENKOHL-FENCHEL-SAFT

1. Blumenkohl und Fenchel säubern. Das Gemüse waschen und dann je nach Entsafter in kleine Stücke schneiden.

2. Den Blumenkohl und den Fenchel zusammen verarbeiten; Fenchel ist ein Gemüse und viel Wassergehalt und kann daher die Wasserextraktion auch durch die Blätter des violetten Blumenkohl erleichtern.

3. Den Saft in ein Glas gießen, vermischen und sofort genießen, um die wohltuende Wirkung zu spüren.

4. Der violette Blumenkohl hat eine sehr intensive Farbe und wenn lieber eine hellere Farbe bevorzugt wird, kann man den Saft mit etwas Wasser oder Eis verdünnen. Es ist eine große Hilfe für unser Wohlbefinden dank seiner vielfältigen Eigenschaften die es zu einem wichtigen Verbündeten für die Gesundheit machen.

Schwierigkeitsgrad:
EINFACH
Zubereitungszeit:
10 Minuten
Kalorien:
45 kcal

Rezepteigenschaften:
Der violetter Blumenkohl-Fenchel-Saft ist nützlich aufgrund seiner Fähigkeiten, den degenerativen Erkrankungen, die durch Oxidation der freien Radikale, vor allem bei Frauen, entstehen vorzubeugen. Er ist perfekt für Abnehmdiäten.

Der ***violette Blumenkohl*** *ist in der Eubiotik unverzichtbar zur Behandlung von Magengeschwüren oder Darmgeschwüren, für die Produktion der Blutkörperchen und um einigen Anämien vorzubeugen. Es enthält auch Indol, Sulphorafan (auf Schwefelbasis, daher der strenge Geruch) und andere Antioxidantien, bestens geeignet um allen degenerativen Erkrankungen des Alters vorzubeugen.*
Der ***Fenchel*** *ist sehr vitaminreich, vor allem an Vitamin A und Mineralien (Kalium, Calcium und Phosphor), alles ideale Substanzen für sportliche Aktivitäten, und zur Erhaltung der Balance und der Darmbewegung. Sehr nützlich um Verstopfung und Areophagie zu bekämpfen.*

1 Person

1 Chicorée-Salat (Chicorée oder Endivie)

100 g Sojasprossen oder andere
1 Teelöffel Apfelessig
Salz

CHICORÉE-SPROSSEN-SAFT (SOJA, FENCHEL, KRESSE)

1. Den Salat gut waschen, den Strunk behalten, die Wurzel ebenfalls und in kleine Stücke schneiden passend zum Küchengerät.

2. Die Sprossen putzen, waschen, abtropfen und einige für die Dekoration beiseitelegen, die restlichen in die Küchengerät geben. Ebenfalls den Salat entsaften und den Saft in ein Glas füllen.

3. Dieser Saft als eine sehr intensive Farbe und einen frischen Geschmack der an Frühling erinnert.

4. Wenn eine sehr bittere Chicorée benutzt wird, kann ein wenig Apfelessig den Geschmack abmildern und mit einer Prise Salz abrunden.

5. Das Getränk sofort trinken. Das ist wirklich ein Heilmittel: es wirkt reminalisierend, durstlöschend und leicht entschlackend.

Schwierigkeitsgrad:
EINFACH
Zubereitungszeit:
10 Minuten
Kalorien:
40 kcal

Rezepteigenschaften:
Der Chicorée-Sprossen-Saft (Soja, Fenchel, Kresse) ist hypokalorisch und abmagernd. Enthält viele Antioxidantien und verfügt über gute reinigende Fähigkeiten. Er schützt außerdem die ausscheidenden und entschlackenden Organe.

Der ***Chicorée*** *ist ein Grasgewächs mit vielen Ballaststoffen, Kalium, Kalzium, Eisen, viele Vitamine C, P, K und B. Die Chicorée-Säure mit bitterem Geschmack ist in einer Menge enthalten die eine reinigende, entwässernde und verdauungsfördernde Wirkung entfaltet und schützend auf Nieren und Leber wirkt. Er ist somit geeignet, um leichte Beschwerden zu lindern, Verstopfung vorzubeugen, Reizdarm und auch Diabetes zu bessern. In diesem Gemüse sind auch Auszüge aus der Kaffee-Säure enthalten, die den Chicorée wenig bekömmlich machen für Menschen mit Damengeschwüren oder Zwölffingerdarm Geschwüren oder für Menschen die Betablocker für kardiovaskuläre Erkrankungen einnehmen.*
Die ***Sprossen*** *(Soja, Fenchel und Kresse) sind reich an Vitaminen und Antioxidantien.*

1 Person

2 Fenchel
5 Mandeln
4 Kapern ohne Salz

FENCHEL-KAPERN-MANDEL-SAFT

1. Fenchel schälen, die oberen Teile entfernen und dann in kleine Stücke schneiden passend zum Entsafter.
2. Die Mandeln im Mörser sorgfältig zermahlen, die Kapern hacken.
3. Die Fenchel entsaften, den Saft auffangen, mit Mandeln und Kapern würzen.
4. Das Getränk mischen, in ein Glas geben und sofort trinken.
5. Dieser Saft ist ein Konzentrat aus Frische und Geschmack, geeignet gegen Darmträgheit. Es ist ein ausgewogenes Getränk, mit einem angenehmen Geschmack, wo die Süße der Mandeln perfekt mit dem Aroma des Fenchels und dem mediterranen Geschmack von Kapern verschmilzt.

Schwierigkeitsgrad:
EINFACH
Zubereitungszeit:
10 Minuten
Kalorien:
50 kcal

Rezepteigenschaften:
Der Fenchel-Kapern-Mandel-Saft ist hyperkalorisch und hat eine leicht entwässernde und anregende Wirkung. Geeignet für jedes Alter, enthält es antioxidative Eigenschaften die gegen freie Radikale wirken und ist bestens geeignet, um Kräfte zu tanken nach intensiven sportlichen Aktivitäten.

*Die **Kapern** sind oft in Salz konserviert und es ist daher wichtig diese zu entsalzen, indem man sie in Wasser taucht und mehrmals auswäscht, besonders für Menschen die unter Bluthochdruck und Kreislauferkrankungen leiden. Sie regen den Appetit an, begünstigen die Verdauung und sind entwässernd.*
*Die **Mandel** ist eine ölhaltige Frucht, in der Lage die Darmtätigkeit und das Cholesterin zu regulieren dank der vorhandenen ungesättigten Fettsäuren, sie ist hyperkalorisch (542 je 100 g) aber sehr sättigend.*
*Der **Fenchel** ist verdauungsfördernd und entwässernd und hilft dabei, die durch die Mandeln zugeführten Kalorien zu mindern.*

2 Personen

1 Fenchel
200 g Kohlherz
1 Sellerieherz

FENCHEL-KOHL-SELLERIE-SAFT

1. Alle Gemüsesorten putzen, waschen, einige Sellerieblätter beiseitelegen und je nach Fruchtpresse oder Entsafter in Stücke schneiden.

2. Das Gemüse verarbeiten, den Saft auffangen, vermischen und in die Gläser füllen. Das Getränk mit den restlichen Sellerieblättern garnieren.

3. Der vorherrschende Geschmack in diesem Getränk ist der des Kohls (sehr wichtig für unsere Gesundheit, aber nicht immer angenehm!), und wird durch den leicht aromatischen Geschmack des Fenchels abgemildert, so entsteht ein angenehmes, durstlöschendes Getränk.

Schwierigkeitsgrad:
EINFACH
Zubereitungszeit:
10 Minuten
Kalorien:
40 kcal pro Person

Rezepteigenschaften:
Der Fenchel-Kohl-Sellerie-Saft ist außer seiner hypokalorischen und abmagernden Eigenschafen auch ein vorbeugendes Getränk für alle degenerativen Alterserkrankungen, für Tumore und Kreislauferkrankungen oder für die Sinneswahrnehmungen (Haut, Sehkraft, Gehör, etc.). Ein entschlackendes und reinigendes Getränk.

*Der **Fenchel** ist eine Gräserpflanze, die im gesamten Mittelmeer verbreitet ist. Sein Aroma verdankt man dem Anetol. Es ist ein ballaststoffreiches Gemüse.*
*Der **Kohl** ist ein typisch winterliches Gemüse, von dem man die grünen Blätter oder die Blüten verzehrt (Brokkoli). Sehr geeignet für Diäten, weil hypokalorisch, enthält auch pflanzliche Proteine, sehr viel Vitamin C (doppelt so viel wie in Orangen des gleichen Gewichts), Vitamin A, K und aus der Gruppe B, sowie Mineralien wie Kalium, Kupfer, Eisen, Kalzium und Phosphor.*
*Die **Sellerie** wurde lange Zeit als Aphrodisiakum genutzt.*

1 Person

200 g frischer Spinat
2 Zitronen
1 Teelöffel Sesamsamen
Salz und Pfeffer (fakultativ)

SPINATSAFT MIT ZITRONEN UND SESAMSAMEN

1. Spinat putzen und in kaltes Wasser eintauchen, solange bis sich die Erde aus den Blättern heraus gewaschen hat. Spinat waschen und nicht ausdrücken, da das restliche Wasser den Geschmack nicht beeinflusst!
2. Die Zitronen schälen, auch die weißen Teile entfernen und in kleine Stücke je nach Entsafter oder Presse zerteilen.
3. Die Sesamsamen in einer beschichteten Pfanne wenige Sekunden anrösten, so dass die vorhandenen Fette der Samen leichter aufzunehmen sind.
4. Zuerst den Spinat entsaften, dann die Zitrone, um ein Getränk mit verschiedenen Farben zu erhalten, dann mit den Sesamsamen würzen und genießen!
5. Dieser Saft ist auch mit einer Prise Salz und Pfeffer fantastisch.

Schwierigkeitsgrad:
MITTEL
Zubereitungszeit:
10 Minuten
Kalorien:
113 kcal

Rezepteigenschaften:
Der Spinatsaft mit Zitronen und Sesamsamen ist ein Getränk mit vielen nützlichen Substanzen die dabei helfen das Immunsystem gesund zu halten und degenerativen und vaskulären Erkrankungen vorzubeugen. Er hat einen hohen Sättigungsgrad, ist hypokalorisch und abmagernd.

Der ***Spinat*** *kann aufgrund seines Gehalts an Oxalsäure Nierensteine begünstigen und Vitamin C Reserven vermindern, daher ist es wichtig Spinat immer mit Zitrone zu verzehren. Er enthält Vitamin A, Folsäure (unterstützt die Produktion von roten Blutkörperchen) und eine nicht unbeachtliche Menge an Mineralien, auch wenn die Vorstellung das Spinat viel Eisen enthält nicht mehr der Realität entspricht. Er hat eine abführende, und für das Herz schützende Wirkung.*
Die ***Zitrone*** *neutralisiert die toxischen Bestandteile wie Nitrate und erleichtert die Verdauung.*
Die ***Sesamsamen*** *können das Immunsystem bei der Genesung und nach körperlichen Anstrengungen zu unterstützen.*

2 Personen

3 Zucchini
1 Sellerieherz
2 Bio-Zitronen
6 Minzsträuße
Salz und Pfeffer (fakultativ)

ZUCCHINI-SELLERIE-SAFT MIT ZITRONEN UND MINZE

1. Die Zucchini waschen, die Enden entfernen, und je nach Entsafter in Stücke scheiden. Die Minze säubern und beiseite legen.

2. Sellerie säubern, die beschädigten Stellen und Enden entfernen, dann in Stücke schneiden und zu den Zucchini geben. Die Sellerieblätter haben ein starkes Aroma, das dazu neigt die anderen Geschmäcker zu überdecken, also sparsam damit umgehen.

3. Die Zitronen waschen, die meiste Schale entfernen, in Stücke schneiden je nach Entsafter.

4. Erst die härteren Zutaten entfernen, dann die zarteren, in diesem Fall erst mit der Sellerie beginnen, dann die Zucchini und schließlich die Zitronen verarbeiten.

5. Wenn man die Zutaten getrennt verarbeitet, erhält man tolle Farb- und Schaumeffekte, die aus dem Getränk einen echten Augenschmaus machen!

6. Vor dem servieren je nach Bedarf mit Minzblätter dekorieren.

Schwierigkeitsgrad:
EINFACH
Zubereitungszeit:
7 Minuten
Kalorien:
44 kcal pro Person

Rezepteigenschaften:
Der Zucchini-Sellerie-Saft mit Zitronen und Minze ist ein idealer Cocktail um degenerative Alterserkrankungen vorzubeugen, vor allem die der Augen, um vor Makula-Erkrankungen im Alter zu schützen und enthält einige antioxidative Komponenten, die die freien Radikale in den Geweben bekämpfen.

Die ***Zitrone*** *begünstigt die Aufnahme von Eisen durch den Darm und ist ein tolles Wundheilungsmittel.*
Die ***Sellerie*** *besitzt antiphlogistische und verdauungsfördernde Eigenschaften und bekämpft wirksam Darmgase.*
Die ***Zucchini*** *ist ein sehr bekömmliches Gemüse, reich an Wasser (94 % seines Gewichts), hypokalorisch, mit einer Menge Mineralien (Kalium, Eisen, Calcium und Phosphor), Vitaminen (A, C, B1 und B2) und Bio-Flavonoide.*
Die ***Minze*** *ist ein Grasgewächs und verdauungsfördernd. Unter den Mineralien in diesem aromatischen Grasgewächs findet man Calcium, Kalium, Magnesium, Kupfer, Mangan, Salz und Phosphor. Die Vitamine A,C,D,B sind mäßig enthalten, sowie Aminosäuren.*

2 Personen

1 Gurke
2 kleine Paprika (eine rote und eine gelbe)
1 frische Chilischote
1 Teelöffel Extra Natives Olivenöl
1 Teelöffel Essig
Salz

SCHARFER SAFT MIT PAPRIKA, GURKE UND CHILISCHOTE

1. Das Gemüse putzen, die Enden der Gurke entfernen, die Stiele der Paprika und der Chilischote entfernen.
2. Die Gurke in Stücke schneiden und beiseitelegen.
3. Die Paprika in Stücke schneiden und die weißen Teile und Kerne entfernen.
4. Die Chilischote in Ringe schneiden.
5. Das Gemüse getrennt in den Entsafter geben um Saft mit verschiedenen Farben zu erhalten.
6. Es ist ein sehr durstlöschendes Getränk. Perfekt in den warmen Jahreszeiten, kann jedoch auch als Sauce zum Würzen von Salaten oder rohes Gemüse genommen werden.

Schwierigkeitsgrad:
EINFACH
Zubereitungszeit:
10 Minuten
Kalorien:
75 kcal pro Person

Rezepteigenschaften:

Der scharfer Saft mit Paprika, Gurke und Chilischote wirkt abmagernd, da hypokalorisch und sättigend. Der scharfe Geschmack der Chilischote erhöht den Stoffwechsel und den Energieumsatz. Er ist geeignet in den Sommermonaten und auch gegen Hitze einzusetzen.

*Die **Gurke** ist reich an Wasser und ist daher entwässernd und entschlackend. Sie enthält Mineralien wie Calcium, Kalium, Phosphor und Vitamine, vor allem Vitamin A, C, und B. Sie ist sehr nützlich für die Nieren und beugt Verstopfung vor. Nicht alle sind jedoch in der Lage Gurke zu verdauen.*
*Die **Paprika** enthält viel Wasser, viele Ballaststoffe und sehr viel Vitamin C (mehr als in Kohl oder Spinat). Alle Paprikasorten sind reich an Carotenoide und Antioxidantien.*
*Die **Chilischote** weist antioxidative Bio-Flavonoide, viel Vitamin C und Kapsacin, eine wichtige Substanz in der Vorsorge des Prostatatumors und gilt als gärungshemmend für den Darm.*

SÄFTE, EMULSIONEN UND SMOOTHIES MIT OBST UND GEMÜSE

AUSGEWOGEN UND SCHMACKHAFT

von Cinzia Trenchi

Obst und Gemüse zu mischen ist kein Tabu mehr und man kann mittlerweile gewagte Kombinationen sehen, die letztendlich neue, interessante Geschmackserlebnisse bieten. Das Wichtigste ist wie immer die Balance beim Mischen der Konsistenzen, und des süßen, bitteren oder herben Geschmacks der verschiedenen Nahrungsmittel. In diesem Abschnitt sind viele Ideen für leckere Zwischenmahlzeiten enthalten, die Ihnen dabei helfen, das Hungergefühl zu stillen, wenn Sie ein paar Kilos verlieren möchten. Auf diesen Seiten sind auch viele Ideen für leckere Smoothies und Säfte, durstlöschend, interessant und wie immer einfach und schnell zuzubereiten. Paprika, Zitronen und Äpfel; Fenchel und Birnen; Avocado, Sellerie und Limette; sind dies nicht leckere Geschmackskombinationen? Das sind sie! Außerdem sind sie frisch, leicht und können das Problem einer ausgewogenen Zwischenmahlzeit lösen, sich in einen Aperitif oder in eine vollwertige sommerliche Mahlzeit verwandeln. Es sind viele Eigenschaften, die ein Saft oder ein Smoothie in sich trägt, vor allem die Farben, die bei frischer Zubereitung unverfälscht bleiben. Und diese scheinen sich gerade bei der frischen Zubereitung von Säften noch deutlicher hervorzuheben. Beim Mischen der verschiedenen Zutaten erhalten Sie immer neue und tolle Farbvariationen. In Bezug auf die Konsistenz ist sie bei Smoothies eine homogene Mischung, beim Saft ein kompakter und weicher Schaum, der den flüssigen Teil überdeckt und auf den Sie Gewürze, Samen und aromatische Kräuter einfach drapieren können. Danach brauchen Sie nur noch das Ganze sorgfältig zu mischen, um ein perfekt gemixtes Getränk zu erhalten. Trauben und Römersalat, Artischocken und Löwenzahn, Orangen und Knollensellerie oder Daikon und Spinat, sind Ideen, um eine große Menge Gemüse zu vereinen, die Sie nur schwerlich in einer einzigen Mahlzeit verzehren könnten.
Tipp: Für Geschmacksrichtungen, die Ihnen nicht vertraut sind, ist ein langsames Herantasten besser, wobei es sehr hilfreich ist, Gewürze, Salz und Zitrone zu verwenden.

ENTSCHLACKEND UND REINIGEND

von Maurizio Cusani

Die Getränke aus verschiedenen Obst-und Gemüsesorten sind eine elegante und ausgewogene Mischung, um in relativ kurzer Zeit viel Energie zuzuführen, ohne den Verdauungsapparat zu belasten und können auf viele Weisen unserem Wohlbefinden helfen. Diese Praxis, die in anglosächsischen Gegenden (Juicing) als entschlackend angesehen wird, kann für kurze Zeitabschnitte angewandt werden, um spezielle Ergebnisse bei standardisierten Programmen, die zwischen drei und neun aufeinanderfolgenden Tagen andauern, zu erhalten. Diese wird zum Beispiel als Abnehmkur angewandt oder um die Haut vor wichtigen Ereignissen zu verbessern. Es existieren sogar richtige Anleitungen, die die Zubereitung von Smoothies und Säften vorsehen (Mischungen aus Gurken, Ananas, Zitrone, Chili usw.), um unschöne Hautstellen wie zum Beispiel Cellulite zu bekämpfen. Eine andere Möglichkeit ist - unter ärztlicher Aufsicht, für reinigende oder entschlackende Zwecke - kurze Fastenzeiten einzulegen (mit einer variablen Dauer von einem bis drei Tagen), die durch die Aufnahme von Smoothies unterbrochen werden, um für wichtige Ereignisse schnell an Gewicht zu verlieren. In diesem Fall verwenden Sie Zutaten wie Äpfel, Spinat, Birnen, Kohlarten, grünes Gemüse und Ingwer oder Chili. Eine interessante Wahl ist die Anwendung eines ganzen Tages für die Reinigung und Beruhigung der Verdauungsorgane, indem Sie sich nur von Saft, Smoothies und Konzentraten ernähren und dann dieses Experiment ein paar Tage später wiederholen. Um morgens Energie zu erzeugen, können Sie anregende Getränke wie Tee oder Kaffee weglassen und stattdessen einfach ein Chlorophyll-Konzentrat, dem grünen Pigmentfarbstoff des Gemüses, welches das Blut mit Sauerstoff anreichert und das Gehirn aktiviert, zusammen mit Obst wie Trauben oder Zitrusfrüchte einnehmen. Um Abnehmdiäten zu unterstützen und das Hungergefühl zu unterbrechen, sind Smoothies und Säfte aus Äpfeln, Birnen, Sellerie, Fenchel und Gewürzen sehr gut geeignet. Und letztendlich, um sich nach einem langen Arbeitstag zu regenerieren und zu entspannen: Spinat, Brokkoli, Sellerie, Möhren, Zitrusfrüchte und Waldfrüchte.

2 Personen

1 Sellerieherz
1 Avocado
1 Limette

Salz
1 Teelöffel Selleriesamen
Pfeffer (fakultativ)

AVOCADO-CREME MIT SELLERIESAMEN UND LIMETTE

1. Sellerie waschen und abtrocknen.
2. Die Avocado schälen, den Kern rausnehmen, das Fruchtfleisch in Stücke schneiden und in den Mixerbecher geben.
3. Die Limette halbieren, eine Scheibe für die Dekoration beiseitelegen und den Rest entsaften. Den Saft zu der Avocado geben.
4. Eine Prise Salz hinzugeben, nach Bedarf auch Pfeffer und dann alles mixen.
5. Die Creme in eine Schüssel geben, mit der Limettenscheibe und Selleriesamen dekorieren und mit den Selleriestielen würzen.
6. Diese Zusammensetzung ist perfekt als leichte und anregende Vorspeise.

Schwierigkeitsgrad:
EINFACH
Zubereitungszeit:
7 Minuten
Kalorien:
160 kcal pro Person

Rezepteigenschaften:
Die Avocado-Creme mit Selleriesamen und Limette ist hypokalorisch und antioxidativ. Geeignet für jedes Alter, hat einen angenehmen Geschmack, ist außerdem besonders geeignet für Menschen die an kardiovaskulären Erkrankungen leiden. Hat eine große sättigende Wirkung.

*Die **Avocado** enthält viele ungesättigte Fette sowie Omega 3, die antioxidativ wirken und Tumoren vorbeugen (vor allem im Mund) und Venenerkrankungen. Die Substanzen aus denen sie besteht erhöhen das gute Cholesterin (HDL) und vermindern das „gefährliche" (LDL).*
*Die **Limette** ist wirksam bei der Senkung des Cholesterins im Blut. Es wurde nachgewiesen dass die Menge an APO B, ein Sekret der Leberzellen, normalerweise bei erhöhtem Cholesterin ebenfalls erhöht, bei Einnahme von Limetten sinkt.*
*Die **Sellerie** ist entwässernd, entschlackend, beeinflusst die Flüssigkeitsretention und ist eine große Hilfe gegen Cellulite.*

1 Person

1/2 Pampelmuse
100 g Papaya
100 g Avocado

PAPAYA-AVOCADO-SMOOTHIE MIT PAMPELMUSENSAFT

1. Die Schale und die Kerne der Papaya und des Avocado entfernen und in Stücke schneiden.

2. Die Pampelmuse entsaften, den Saft auffangen und in den Mixerbecher geben, die Papaya und die Avocado dazugeben und die Zutaten mixen, so lange bis man eine glatte und homogene Mischung erhält.

3. In ein Glas füllen und sofort trinken.

4. Dieses nahrhafte und energetisierende Getränk ist perfekt vor körperlichen Aktivitäten und als Frühstück vor einem arbeitsreichen Tag.

Schwierigkeitsgrad:
EINFACH
Zubereitungszeit:
5 Minuten
Kalorien:
243 kcal

Rezepteigenschaften:
Der Papaya-Avocado-Smoothie mit Pampelmusensaft ist reich an Antioxidantien, nützliche Substanzen für die Elastizität der Blutbahnen, vor allem die der Mikrozirkulation, und sind daher sehr wichtig um die Erhaltung der Arterienelastizität und die Sinnesfunktionen (Sehkraft, Gehör, etc.)

*Die **Papaya** enthält wichtige Antioxidantien wie Vitamin E und Mineralien wie Eisen, Phosphor und Calcium. Sie ist reich an Papain, einem essentiellen Element für den Verdauungsapparat, an Flavonoide, die die Durchlässigkeit der Blutgefäße regulieren, ein lebenswichtiger Aspekt für die Mikrozirkulation.*
*Die **Pampelmuse** ist ein natürliches Antibiotikum, durstlöschend, empfehlenswert bei Ohrenschmerzen und Halsschmerzen die von Temperaturschwankungen durch Klimaanlagen und hohen Temperaturen herrühren.*
*Die **Avocado** enthält große Mengen an Vitamin A und E, Lutein und Glutation, die wichtige Antioxidantien sind um der Alterung des Gewebes vorzubeugen.*

2 Personen

300 g Trauben
1 Orange
1 Fenchel

TRAUBEN-SMOOTHIE MIT FENCHEL-ORANGEN-SAFT

1. Die Trauben waschen, vom Stängel lösen und wenn ein glattes Getränk gewünscht wird, halbieren und die Kerne rausnehmen.
2. Die Orange schälen, die weißen Teile entfernen und die Spalten trennen.
3. Den Fenchel waschen, in Stücke schneiden je nach Küchengerät oder zusammen mit der Orange auspressen.
4. Den Saft in den Mixerbecher zu den Trauben geben. Die Zutaten solange verarbeiten bis man eine glatte und schaumige Mischung enthält.
5. In ein Glas füllen und sofort trinken.

Schwierigkeitsgrad:
EINFACH
Zubereitungszeit:
10-15 Minuten
Kalorien:
115 kcal pro Person

Rezepteigenschaften:
Der Trauben-Smoothie mit Fenchel-Orangen-Saft ist ein sommerliches und herbstliches Getränk, sehr reich an antioxidantiven und energetisierenden Substanzen. Empfehlenswert für ein rasches Auffüllen der Reserven nach sportlicher Aktivität, sehr beliebt aufgrund seines Aromas und wirkt hydrierend und abmagernd.

*Die **Orange** ist berühmt für seine Wirkung bei Erkältungen und grippalen Infekten, aber es ist auch eine wohltuende Frucht für herzkranke Menschen und Menschen mit erhöhtem Blutdruck. Vor allem das Hesperidin, eine in allen Zitrusfrüchten vorkommende Substanz, die sehr hilfreich für die Erhaltung der Elastizität der Gefäße in der Mikrozirkulation ist.*
*Der **Fenchel** ist eine Gräserpflanze, reich an Vitaminen (vor allem A), Mineralien (Kalium, Calcium, Phosphor), notwendige Elemente für die Unterstützung bei sportlicher Aktivität und für die gute Funktion des Verdauungsapparats.*
*Die **Trauben** enthalten große Mengen an B Vitaminen, vor allem B1, B2 und PP, A und C. Sie hat regenerierende Eigenschaften, erhält das Wohlbefinden und die Funktion der Verdauungsorgane.*

2 Personen

2 Bio-Orangen
1 Zitrone
300 g Knollensellerie
1 Teelöffel Kardamomschoten

ZITRUSFRÜCHTE-SAFT MIT KNOLLENSELLERIE UND KARDAMOM

1. Die Orangen waschen, schälen und die weißen Teile auf den Spalten entfernen. Ein wenig Schale beiseitelegen und den Rest zu den anderen Zutaten geben.
2. Die Knollensellerie putzen, waschen und in Stücke schneiden, passend zum Entsafter.
3. Die Zitrone schälen, die weißen Teile entfernen und die Spalten trennen.
4. Alle Zutaten entsaften, den Saft in die Gläser füllen, ein kleines Stück Schale in den Entsafter geben und dann in jedes Glas gießen, so dass das Aroma den Saft noch bereichert.
5. Kardamomschoten zerkleinern, 2-3 in jedes Glas geben und sofort servieren.

Schwierigkeitsgrad:
EINFACH
Zubereitungszeit:
10 Minuten
Kalorien:
80 kcal pro Person

Rezepteigenschaften:
Der Zitrusfrüchte-Saft mit Knollensellerie und Kardamom ist hypokalorisch, durstlöschend, sehr wichtig für eine rasche Auffüllung der Mineralreserven nach großen körperlichen Anstrengungen und perfekt für die Vorbeugung von Erkältungserkrankungen.

*Die **Zitrusfrüchte** sind reich an Vitamin C, E, Mineralien und antioxidative Substanzen gegen die Alterungsvorgänge.*
Alle sind hypokalorisch, reinigend, entwässernd und schützen unseren Körper vor Erkältungserkrankungen.
*Der **Kardamom** ist ein sehr verbreitetes Gewürz in der traditionellen orientalischen Medizin um Erkrankungen der Mundhöhle und Zahnfleisch zu behandeln. Er hilft gegen Mundgeruch und reguliert den Verdauungstrakt.*
*Die **Knollensellerie** hat eine reinigende Wirkung, ist entwässernd, reich an Ballaststoffen, hypokalorisch und enthält eine große Menge Vitamine und antioxidative Substanzen.*

2 Personen

200 g rote Bete aus dem Ofen
2 Bio-Äpfel
1 Teelöffel Sonnenblumenkerne
1 Teelöffel Essig
Salz und Pfeffer

ROTE BETE-APFEL-SAFT MIT SONNENBLUMENKERNEN

1. In einer beschichteten Pfanne die Sonnenblumenkerne einige Minuten rösten um sie bekömmlicher zu machen.

2. Die rote Bete schälen, in Stücke schneiden und in das Küchengerät geben. Den Saft entnehmen und sofort mit Essig, Salz und Pfeffer mischen.

3. Die Äpfel schälen, je nach Küchengerät in Stücke schneiden. Die Schale kann belassen werden, da reich an Peptin.

4. Den Saft auffangen und mit der roten Bete mischen, die Sonnenblumenkerne hinzufügen, je nach Bedarf mit rote Bete Stücken oder Apfelstücken dekorieren und sofort servieren.

5. Der Saft ist ein perfektes Aperitif oder eine perfekte Mahlzeit, mit großer Sättigungswirkung, sehr wohlschmeckend, nahrhaft und hat wenige Kalorien.

Schwierigkeitsgrad:
EINFACH
Zubereitungszeit:
5 Minuten
Kalorien:
160 kcal pro Person

Rezepteigenschaften:

Der Rote Bete-Apfel-Saft mit Sonnenblumenkernen ist hydrierend, energetisierend und hypokalorisch. Optimal geeignet um die Kräftereserven nach physischer und psychischer Auslastung wieder aufzufüllen. Außerdem hilfreich in der Vorbeugung von Alterserkrankungen.

*Die **Rote Bete** ist ein hypokalorisches Nahrungsmittel und enthält Proteine, Ballaststoffe und Glycide in ausgewogener Menge. Sie ist reich an Kalium und Vitamin A und C. Seine Auszüge können die Stressresistenz verbessern.*
*Die **Sonnenblumenkerne** enthalten viele antioxidative Fettsäuren, Linolsäure, Vitamin E und B und Mineralien wie Eisen, Zink und Phosphor. Optimal um die Darmgesundheit zu erhalten und um Venenerkrankungen vorzubeugen, sie haben auch einen beruhigenden Effekt auf das Nervensystem.*
*Der **Apfel** besitzt außer zahlreiche nützliche Eigenschaften, eine regulierende Wirkung auf den Blutzucker.*

2 Personen

6 Möhren
1 grüner Apfel
2 Zitronen
1 süßer Apfel für die Holzspieße
Essbare Blumen und duftende Kräuter für die Dekoration
2 Holzspieße

MÖHREN-APFEL-ZITRONEN-SAFT

1. Die Kräuter und Blumen für die Dekoration waschen und auf Küchenpapier trocknen lassen. Die Möhren abbürsten oder schälen, dann je nach Entsafter in Stücke schneiden und in das Küchengerät geben.

2. Den grünen Apfel waschen, passend zum Entsafter in Stücke schneiden und zu den Möhren geben.

3. Die Zitronen mit einer Saftpresse entsaften und den Saft filtern, um eventuelle Kerne zu entfernen.

4. Den süßen Apfel waschen, in Spalten schneiden, mit Zitronensaft beträufeln (so dass diese nicht anlaufen, weil die Zitrone die Oxidation aufhält) und auf die Holzspieße spießen.

5. Die Möhren und Äpfel entsaften, den Saft auffangen und mit der Zitrone mischen. In die Gläser füllen, mit den Spießen dekorieren und sofort servieren.

Schwierigkeitsgrad:
EINFACH
Zubereitungszeit:
5 Minuten
Kalorien:
160 kcal pro Person

Rezepteigenschaften:
Der Möhren-Apfel-Zitronen-Saft ist geeignet für die Stärkung der Abwehrkräfte und beeinflusst Alterserkrankungen aufgrund seiner antioxidativen Inhaltsstoffe. Seine große Sättigungskraft zusammen mit der geringen Kalorienanzahl, macht ihn zum perfekten Getränk für Abnehmdiäten.

*Die **Möhre** besitzt verdauungsfördernde Eigenschaften und begünstigt die Verdauung. Er verfügt über beeindruckende antioxidative Eigenschaften und bietet eine gute Anzahl an Vitaminen, die für die Gesundheit von Augen und Haut wichtig sind. Er spielt eine große Rolle bei der Abwehrstärkung und scheint eine antitumorale Wirkung auszuüben.*
*Der **Apfel** ist reich an Polyphenolen und Flavonoiden mit verjüngendem Anti-Aging-effekt. Eine sehr nützliche Frucht bei Verstopfung und bei Abnehmdiäten.*
*Die **Zitrone** beeinflusst Appetitlosigkeit, begünstigt das Immunsystem und erhält die autoregenerierenden Kräfte des Körpers.*

2 Personen

4 Möhren
1 Mango
4 frische Oreganostängel
2 kleine Limettenzweige zum Dekorieren
2 Löffel Zitronensaft (fakultativ)

MÖHREN-MANGO-SAFT

1. Die Möhre waschen, die Enden entfernen, und je nach Entsafter in Stücke scheiden.
2. Die Mango schälen und in Stücke schneiden.
3. Alle Zutaten in den Entsafter geben und den Saft auffangen, vermischen und für einen weniger süßen Geschmack ein wenig Zitronensaft hinzufügen.
4. Das Getränk in Gläser füllen, mit aromatischen Kräutern dekorieren, die den Saft schön und schmackhafter für den Gaumen machen.

Schwierigkeitsgrad:
EINFACH
Zubereitungszeit:
10 Minuten
Kalorien:
135 kcal pro Person

Rezepteigenschaften:
Der Möhren-Mango-Saft ist ein entschlackendes und erfrischendes Getränk. Reich an antioxidativen Substanzen und reinigend aber auch energetisierend, entwässernd und leicht abführend. Sehr hilfreich bei Abnehmdiäten und sehr sättigend.

*Die **Möhre** ist anregend und entschlackend für die Leber, sie hat gute entwässernde und reinigende Eigenschaften.*
*Die **Mango** ist eine tropische Frucht asiatischer Herkunft, die bis zu einem Kilo wiegen kann. Im Handel findet man diverse Mangosorten, alle haben jedoch einen hohen Zuckergehalt und aus diesem Grund ist der Verzehr nicht für Nierenkranke oder Diabetiker geeignet. Sie besitzt entzündungshemmende und beruhigende Eigenschaften und fördert einen guten Schlaf. Sie besteht aus 80 % aus Wasser, hat daher erfrischende, leicht entwässernde und abführende Eigenschaften.*

1 Person

3 Schwarze Möhren
1 Pflaume

50 g Blaubeeren

SCHWARZEN MÖHREN-SAFT MIT BLAUBEEREN UND PFLAUMEN

1. Die Möhren waschen, abbürsten oder mit dem Schäler schälen.
2. Die Enden entfernen, und je nach Entsafter in Stücke scheiden.
3. Die Blaubeeren und Pflaumen waschen, den Kern entfernen und in Stücke schneiden.
4. Erst die Blaubeeren, dann die Möhren und zum Schluss die Pflaumen in den Entsafter geben.
5. In ein Glas füllen und sofort trinken, weil das Getränk schnell oxidiert.
6. Dieser Saft mit seiner wunderschönen Farbe hat einen unwiderstehlichen Schaum, die die verschiedenen Farbschattierungen der Pflaumen und Blaubeeren vereint.

Schwierigkeitsgrad:
EINFACH
Zubereitungszeit:
10 Minuten
Kalorien:
102 kcal

Rezepteigenschaften:
Der schwarzen Möhren-Saft mit Blaubeeren und Pflaumen ist ein Getränk mit vielen antioxidativen Substanzen, das eine schützende Wirkung auf die Sehkraft und das Herz sowie den Kreislauf hat. Ein gesundes Energiebündel, um depressive Verstimmungen zu überwinden und ist optimal geeignet für Menschen die an Verstopfung leiden.

*Die **Schwarze Möhre** (oder blau) ist reich an Vitamin A und Ballaststoffen, hat antioxidative Eigenschaften, sehr ähnlich denen der Blaubeeren, aufgrund des Vorhandenseins von Anthocyanosiden, die für die Vorbeugung von Störungen der Mikrozirkulation zuständig sind; sie hat gute entzündungshemmende Eigenschaften und wirkt sich positiv auf die Sehkraft aus. Es scheint, dass alle Möhrenarten aus Afghanistan stammen und dass die ursprüngliche Farbe violett war. Die klassische orangene Farbe dieser Wurzel kam erst nach dem Einsatz der Holländer um 1700 zum Vorschein, die die Farbe zu Ehren von Wilhelm von Oranie, dem Anführer des Unabhängkeitskrieges, änderten. Aktuell werden Möhren in verschiedenen Formen und Farben angebaut.*
*Die **Blaubeere** (schwarz, rot, blau) ist reich an Anthocyanosiden mit antioxidativen Fähigkeiten, sehr wichtig für den Blutkreislauf.*
*Die **Pflaume** ist eine wichtige Frucht mit gutem Sättigungsfaktor und hilft beim Abbau der Abfallprodukte der Verdauung.*

1 Person

1 grüner Bio-Apfel
6 Blätter Kohl
100 g Blumenkohl

Salz, Chilischoten, Zitronensaft (fakultativ)

KOHL-, BLUMENKOHL-APFEL-SAFT

1. Apfel schälen, die Kerne und den Strunk entfernen, die Schale belassen und in Stücke schneiden.

2. Die Kohlblätter und den Blumenkohl einige Minuten in kaltes Wasser tauchen. Die Blätter je nach Küchengerät in Stücke schneiden und auch die harten Teile behalten, denn diese enthalten viel Flüssigkeit.

3. Die Blüten in Stücke schneiden und alle Zutaten getrennt verarbeiten.

4. Der Apfelsaft neigt dazu, sich am Boden zu sammeln, der Kohl bleibt in der Mitte und oben wird sich der Blumenkohlsaft absetzen, gekrönt von einem weichen Schaum.

5. Dieser Saft erlaubt uns Kreuzblütler roh zu verwenden und den Geschmack durch den Apfelsaft zu verbessern.

6. Wenn gewünscht, mit Salz, Chilischote und Zitrone würzen.

Schwierigkeitsgrad:
EINFACH
Zubereitungszeit:
5 Minuten
Kalorien:
108 kcal

Rezepteigenschaften:
Der Kohl-, Blumenkohl-Apfel-Saft ist ein gesundes Getränk und ist exzellent in der Bekämpfung von degenerativen Alterserkrankungen. Von Einigen wird diese Mischung als ideal zur Vorbeugung von Tumoren des Verdauungstraktes angesehen und ist ein Hilfsmittel bei der Darmtätigkeit.

*Der **Blumenkohl** ist geeignet für Diabetiker, weil seine Eigenschaften dazu beitragen den Blutzuckerspiegel zu kontrollieren. Er hilft auch dabei Kolon-Krebs und Magengeschwüren vorzubeugen und ist sehr hilfreich bei der Behandlung von Blutarmut aufgrund der antioxidativen Substanzen (Flavone) und Indol, die in der Lage sind degenerative Wirkungen der freien Radikale zu verhindern. Sein Saft beugt Erkältungskrankheiten und grippalen Infekten vor.*
*Der **Kohl** ist ein typisch winterliches Gemüse, von dem man die grünen Blätter oder die Blüten verzehrt (Brokkoli). Er ist eine empfohlene Zutat bei Diäten, weil hypokalorisch und proteinhaltig.*
*Der **Apfel** ist ein Hilfsmittel für das Gedächtnis, hat wohltuende Auswirkungen auf die Haut und ist hypokalorisch und abmagernd.*

2 Personen

1 rote Zwiebel oder Tropea-Zwiebel
1 Gurke
300 g kleine reife Tomaten (wie Kirschtomaten)
1 Löffel Extra Natives Olivenöl
1 Teelöffel Apfelessig
Salz
1/2 Teelöffel Chilipulver
2 Zweige oder Stängel Zitronenverbene zum Parfümieren und Dekorieren

GURKEN-ZWIEBEL-SAFT MIT TOMATENSMOOTHIE

1. Die Zwiebel schälen, je nach Entsafter in Stücke schneiden, die Gurke waschen und zwei Scheiben für die Dekoration beiseite legen.

2. Die restliche Gurke schälen, zu der Zwiebel geben und den Saft zubereiten. In einem Glas auffangen und in den Mixerbecher geben.

3. Die Tomaten waschen, in Stücke schneiden und direkt in den Mixer geben, dann Öl, Essig, Salz und Chili dazugeben.

4. Die Zutaten solange verarbeiten bis eine homogene Mischung entsteht (normalerweise reichen wenige Sekunden dafür aus!), dann in die Gläser geben und mit Zitronenverbene dekorieren.

5. Das ist eine tolle Zubereitung für eine anregende Emulsion, die den Hunger stoppt und durststillend wirkt.

Schwierigkeitsgrad:
EINFACH
Zubereitungszeit:
10 Minuten
Kalorien:
90 kcal pro Person

Rezepteigenschaften:
Der Gurken-Zwiebel-Saft mit Tomatensmoothie ist optimal für Diäten da hypokalorisch und in der Lage gut zu sättigen. Er weist viele Antioxidantien auf, die notwendig sind, um degenerative Erkrankungen aller Gewebeschichten zu bekämpfen.

*Die **Tomate** ist ein Nahrungsmittel, das in der Lage ist eine sehr große Rolle als Abnehmhelfer zu spielen. Einzige Gegenanzeige bei seiner Verwendung besteht bei Menschen die allergisch gegen Nachtschattengewächse sind.*
*Die **Gurke** ist reich an Wasser und ist daher sehr gut entwässernd und entschlackend, enthält wichtige Mineralien wie Calcium, Kalium, Vitamin A, C und Vitamine der Gruppe B. Ein sehr gutes Gemüse für die Nieren und zur Bekämpfung von Verstopfung. Nicht alle können diese jedoch verdauen. Aufgrund ihres Schwefelgehaltes wurde sie früher als Wurmmittel eingesetzt.*
*Die **Zwiebel** ist hypokalorisch, ideal für Menschen mit Bluthochdruck und mit Kreislauferkrankungen.*

1 Person

100 g frisches Baby-Spinat
1 Zitrone
200 g Daikon
Salz und Pfeffer (fakultativ)

Schwierigkeitsgrad:
MITTEL
Zubereitungszeit:
10-15 Minuten
Kalorien:
78 kcal

Rezepteigenschaften:
Der Daikon-Spinat und Zitronen-Saft ist ein sehr guter Digestif, ist außerdem hypokalorisch und durstlöschend, sowie abmagernd und verfügt über einen hohen Sättigungsgrad. Es wirkt sich auf die Leberfunktionen aus ist sehr geeignet für Menschen mit Darmproblemen oder Aerophagie.

DAIKON-SPINAT UND ZITRONEN-SAFT

1. Den Spinat im kalten Wasser mehrmals waschen, um eventuelle Erdrückstände zu entfernen. Dann abtrocknen und die Wurzel sowie beschädigte Stellen entfernen. Einige Blätter zum Dekorieren beiseitelegen.

2. Die Zitronen schälen, auch die weißen Teile entfernen und in Stücke, je nach Entsafter, zerteilen.

3. Daikon waschen, in Stücke schneiden und dann einige Teile für die Präsentation des Saftes beiseitelegen.

4. Im Entsafter erst die Zitrone verarbeiten, dann den Daikon und dann als letztes den Spinat.

5. Das Getränk mit den Spinatblättern und den Daikonstücken dekorieren.

6. Wenn gewünscht, mit Salz und Pfeffer würzen.

*Der **Daikon** oder **japanisches Radieschen** ist eine Wurzel aus Japan, die die Form einer großen Möhre hat und einen starken und würzigen Geschmack hat. Er begünstigt die Verdauung von Fetten und schweren Mahlzeiten, ist entwässernd, leberschützend und ein guter Schleimlöser. Er ist hypokalorisch, regt den Appetit an und ist geeignet gegen Übelkeit, wird daher im ersten Drittel der Schwangerschaft empfohlen, wenn diese Beschwerden häufig vorkommen.*
*Der **Spinat** hat eine abführende, und für das Herz schützende Wirkung.*

FENCHEL-BIRNEN-ZITRONEN-SAFT

1 Person

1 Fenchel
1 Birne
1 Zitrone
Fenchelblätter zum Dekorieren

Schwierigkeitsgrad:
EINFACH
Zubereitungszeit:
10 Minuten
Kalorien:
60 kcal

1. Den Fenchel einige Minuten in kaltes Wasser tauchen, dann entblättern und die äußeren Teile entfernen, wenn diese beschädigt sind und dann je nach Entsafter in Stücke schneiden.

2. Die Birne schälen und in Stücke schneiden.

3. Die Zitrone auspressen oder wenn gewünscht schälen, die weißen Teile entfernen und in Spalten teilen.

4. Alle Zutaten in den Entsafter geben, den Saft auffangen, vermischen und sofort trinken.

5. Frisch, leicht und lecker! Ein tolles Getränk mit sehr wenigen Kalorien.

Der ***Fenchel*** *bekämpft Aerophagie und ist sehr geeignet während der Wechseljahre, da er die weiblichen Hormone regulieren kann. Der Fenchelsaft begünstigt die Milchbildung.*
Die ***Birne****, reich an Kalium, hat einen hohen Sättigungsgrad und ist perfekt gegen Bluthochdruck. Sie enthält viel Wasser, Ballaststoffe und eine große Menge an antioxidativen Vitaminen.*
Die ***Zitrone*** *ist ein natürliches Desinfektionsmittel: wenige Tropfen Zitronensaft entfernen in kurzer Zeit 92 % aller Mikroben und Bakterien auf Austern. Die Zugabe von Zitronensaft desinfiziert und macht 1 l Wasser trinkbar.*

Rezepteigenschaften:
Der Fenchel-Birnen-Zitronen-Saft ist sehr gesund, vor allem bei Kreislauferkrankungen und Bluthochdruck.
Hypokalorisch und abmagernd und auch geeignet für die Regulierung der Darmtätigkeit und die Bekämpfung von degenerativen Erkrankungen.

2 Personen

300 g Trauben

1 Kopfsalat

TRAUBEN-SALAT-SAFT

1. Die Trauben waschen und vom Stiel entfernen.
2. Den Salat im Wasser lassen, beschädigte Blätter entfernen, langsam und sanft abtrocknen. Die Blätter vom Strunk entfernen ohne diesen wegzuschmeißen.
3. Erst die Trauben dann den Salat (Blätter und Strunk schon in Stücke geschnitten) im Entsafter verarbeiten.
4. Es wird sich eine weiche Suspension auf der schwereren flüssigen Seite ablegen, die beim sorgfältigen mischen mit dem Saft verbinden wird.

Schwierigkeitsgrad:
EINFACH
Zubereitungszeit:
15 Minuten
Kalorien:
110 kcal pro Person

Rezepteigenschaften:
Der Trauben-Salat Saft ist sehr erfrischend und kann in Abnehmdiäten verwendet werden. Er ist hilfreich für eine gut funktionierende Verdauung, leicht abführend, hydrierend, durstlöschend und Reich an Mineralien. Er ist ein Stimmungsregulator bei Kindern.

Die ***Trauben*** *enthalten Vitamine, wichtige Mineralien wie Kalium, Magnesium, Mangan, Phosphor und Calcium, Ballaststoffe, organische Säuren und wichtige antioxidative Substanzen.*
Der ***Salat*** *ist hypokalorisch und besteht vorwiegend aus Wasser (90-95 % des Gewichts) und Ballaststoffe; er ist erfrischend, entwässernd und leicht abführend. Sehr reich an Mineralien wie Kalium, Calcium, Phosphor, Eisen und Vitamine C, E, K, Carotenoide, der Gruppe B, sehr empfehlenswert für die Darmgesundheit und für Abnehmdiäten und begünstigt den Schlaf bei Kindern. Der Salat kann auch Aerophagie verursachen.*

1 Person

1 rote Zwiebel
1 frische Chilischote

4 Mandarinen

MANDARINEN-ZWIEBEL-CHILI-SAFT

1. Zwiebel schälen, in Stücke schneiden, je nach Entsafter oder Küchenmaschien.
2. Chilischote waschen, den Stiel entfernen, die Kerne und die weißen Teile entfernen (Kerne, weiße Teile sind oft geschmacksintensiv und die Entfernung mildert die Schärfe!).
3. Mandarinen schälen und in Stücke teilen.
4. Erst die Zwiebel, dann die Chilischote und zum Schluss die Mandarinen im Entsafter verarbeiten.
5. Der Saft wird sich am Glasboden absetzen und oben wird sich ein leichter und duftender Schaum festsetzen. Das Ganze vor dem Trinken mischen, um einen wirklich tollen Geschmack zu erfahren, wo die Süße, die Schärfe und das Aroma sich in einem originellen und durstlöschenden Getränk vereinen.

Schwierigkeitsgrad: EINFACH
Zubereitungszeit: **8 Minuten**
Kalorien: **121 kcal**

Rezepteigenschaften:

Der Mandarinen-Zwiebel Chili-Saft ist abmagernd, aktiviert den Stoffwechsel und ist reinigend. Reich an Vitaminen und antioxidativen Substanzen, sogar hilfreich um Erkältungskrankheiten zu bekämpfen und wirkt antiseptisch.

*Die **Mandarine** ist eine Frucht mit orientalischer Herkunft, sehr reich an Vitamin C, A und Ballaststoffen.*
*Die **Zwiebel** weist eine bemerkenswerte Menge an Minerailien auf (Zink, Kalium, Magnesium, Phosphor,etc.) und Vitaminen (A, C, und aus der Gruppe B). Sie ist hypokalorisch, reich an Folsäure und wird als reinigend und entgiftend angesehen. Außerdem kann sie die Darmfunktion und die Verdauung von einfachen Zuckern verbessern.*
*Die **Chilischote** hat schützende Eigenschaften in Bezug auf Infektionen und verbessert die Verdauungsaktivität sowie die Zirkulation.*

1 Person

1 Granatapfel
1 Stück Ingwerwurzel
4 Fenchelblätter

GRANATAPFEL-FENCHEL-INGWER-SAFT

1. In der Vorbereitung dieses Saftes muss eine besondere Aufmerksamkeit auf die Menge des Ingwers liegen, weil der intensive Geschmack dieser Wurzel den Geschmack der anderen Zutaten überdecken kann.
2. Den Granatapfel öffnen und auseinandernehmen, die Haut entfernen und die kleinen Samen auffangen.
3. Den Ingwer schälen (Größe einer Olive etwa) und zu dem Granatapfel geben.
4. Die Fenchelblätter waschen und in Stücke schneiden.
5. Die Zutaten nacheinander in das Küchengerät geben, den Saft auffangen, vermischen und sofort trinken.
6. Sollte man den Geschmack des Ingwers gewöhnungsbedürftig finden, kann man diesen statt mit den anderen Zutaten zusammen zu verarbeiten, als Aroma einsetzen, indem man ihn auf einem Holzspieß aufgespießt einige Minuten im Saft belässt.

Schwierigkeitsgrad:
MITTEL
Zubereitungszeit:
10 Minuten
Kalorien:
130 kcal

Rezepteigenschaften:
Der Granatapfel-Fenchel-Ingwer-Saft ist sehr anregend, hypokalorisch, entwässernd, und leicht abführend. Reich an antioxidativen Substanzen ist er sehr hilfreich bei der Bekämpfung von Alterserkrankungen, und für eine schnelle Erholung der Energiequellen und zur Verbesserung der Laune.

Der ***Granatapfel*** *ist die Frucht des „punica granatum", seine Samen bestehen zu 80 % aus Wasser, sind entwässernd, begünstigen die Verdauung und haben adstringierende Eigenschaften.*
Der ***Ingwer*** *ist ein sehr vielfältiges Gewürz, mit entzündungshemmenden, fieberhemmenden und leicht antioxidativen Eigenschaften. Er ist auch bekannt als hypokalorisches Nahrungsmittel und hilft bei Abnehmdiäten. Er enthält Vitamine der Gruppe B, C und E außerdem diverse Mineralien wie Calcium, Magnesium, Eisen, Mangan, Zink, Kupfer und Selen.*
Der ***Fenchel*** *wirkt entwässernd, reinigend, entbläht im Bauch und stoppt das Hungergefühl.*

2 Personen

2 Äpfel
1 rote Paprika
1 Zitrone
Salz und Pfeffer (fakultativ)

Schwierigkeitsgrad:
EINFACH
Zubereitungszeit:
10 Minuten
Kalorien:
95 kcal pro Person

PAPRIKA-APFEL-ZITRONEN-SAFT

1. Äpfel, Paprika und Zitrone waschen.

2. Die Äpfel schälen, den Strunk entfernen und in Stücke schneiden.

3. Die Zitrone schälen und die Spalten trennen. Die Paprika zerstückeln, die weißen Teile den Strunk und die Kerne entfernen.

4. Die verschiedenen Zutaten in das Küchengerät geben, den Saft auffangen, diesen mit Salz und Pfeffer je nach Bedarf würzen, in zwei Gläser gießen, vermischen und servieren.

5. Frisch und durstlöschend ist dieser Saft ein schöner Aperitif für die Sommermonate.

Rezepteigenschaften:
Der Paprika-Apfel-Zitronen-Saft ist entschlackend, reich an Vitaminen und Ballaststoffen. Vor allem ist er hypokalorisch, geeignet für alle Abnehmkuren und reguliert die Darmtätigkeit.

Die ***Paprika*** *enthält mehr Vitamin C als Zitrusfrüchte (wenn roh verzehrt). Der Inhaltsstoff Betacarotin ist relevant (vor allem in rotem Paprika) sowie auch die verschiedenen Vitamine der Gruppe B. Hinzu kommen viele Mineralien wie Eisen, Magnesium, Calcium und vor allem Kalium. Das Wasser und die vielen enthaltenen Ballaststoffe haben einen leicht entwässernden und abführenden Effekt und machen ihn zu einem unverzichtbaren Begleiter bei Abnehmdiäten.*
Im ***Apfel*** *sind eine große Menge Ballaststoffe enthalten, wichtige Elemente für die Regulierung des Verdauungsapparats.*

PAMPELMUSEN-GRANATAPFEL-ZIMT-SAFT MIT INGWER

2 Personen

1 gelbe Pampelmuse
1 Granatapfel
1 Stück Ingwer
2 Zimtstangen
1 Prise Zimtpulver

Schwierigkeitsgrad:
MITTEL
Zubereitungszeit:
10 Minuten
Kalorien:
90 kcal pro Person

1. Pampelmuse schälen, die weiße Haut entfernen und in Spalten teilen.
2. Den Granatapfel öffnen, die Samen rausnehmen, die kleinen Häutchen entfernen und die Samen in eine Schüssel geben.
3. Ein Stück Ingwer in der Größe einer Nuss schälen. Wenn das Aroma zusagt, kann man auch die Menge dieser Wurzel erhöhen.
4. Die Samen, den Ingwer und die Pampelmuse in den Entsafter geben.
5. Mit einer Prise Zimt würzen, vermischen, in Gläser füllen und mit Ingwerstücken und Zimtstangen dekorieren.

*Der **Granatapfel** enthält ca. 80 % Wasser und ist entwässernd und entschlackend. Der **Zimt** ist ein Gewürz mit beträchtlichen antioxidativen Eigenschaften. Sie hat eine antiseptische, antibakterielle und antispastische Wirkung. Aufgrund des enthaltenen Tripsin ist eine wichtige Hilfe und der Verarbeitung von Fetten im Blut und in der Kontrolle des Blutzuckers. Sie bekämpft auch die Gasbildung im Darm und hemmt das Hungergefühl. Neue Studien haben ergeben, dass Zimt neurologische Erkrankungen und Demenz beeinflusst.*
*Die **Pampelmuse** ist eine hypokalorische Frucht und Dank seiner Fähigkeit Lymphbahnen zu aktivieren hat sie eine entwässernde Wirkung bei Fetten und Flüssigkeiten.*

Rezepteigenschaften:
Der Pampelmusen-Granatapfel-Zimt-Saft mit Ingwer ist ein hypokalorisches Getränk, der appetitmindernd ist, neurologisch aktiv ist und den Stoffwechsel anregt. Er hat exzellente Fähigkeiten, da er mit einer Menge Vitaminen und Antioxidantien ausgestattet ist.

1 Person

1 grüner kleiner Bio-Apfel
5 Radieschen
1 Gurke
Salz und Apfelessig (fakultativ)

Schwierigkeitsgrad:
EINFACH
Zubereitungszeit:
5 Minuten
Kalorien:
95 kcal

RADIESCHEN-GURKEN-APFEL-SAFT

1. Den Apfel waschen und mit die Schale zu entfernen in Stücke schneiden.
2. Die Radieschen waschen, die Blätter und Wurzeln entfernen und halbieren oder vierteln.
3. Die Gurke waschen und zu zwei Drittel schälen (die grüne Schale ist ein natürlicher Farbstoff und je nach Menge im Getränk wird die Farbe weniger oder mehr intensiv) und in Stücke schneiden.
4. Alle Zutaten separat in den Entsafter geben, diese werden bis zum Mischen getrennt bleiben.
5. In ein Glas füllen und sofort trinken. Wenn gewünscht, kann man mit Salz und Apfelessig würzen.

Rezepteigenschaften:
Der Radieschen-Gurken-Apfel-Saft ist hypokalorisch, abmagernd und ist sehr sättigend. Er hat gute vorbeugende Fähigkeiten für Darmerkrankungen, Atemwegserkrankungen und begünstigt die Bildung von roten Blutkörperchen.

***Apfel** besteht zu ca. 85 % aus Wasser und ist hypokalorisch. Es ist ein vitaminreiches Gemüse: C, PP, B1; B2, A, und enthält Apfelsäure (ca. 0,6-1,3 g).*
*Die **Gurke** besteht überwiegend aus Wasser und ist daher ein optimales Entwässerungsmittel und Entschlackungsmittel. Sie enthält Mineralien wie Calcium, Kalium, Phosphor und Vitamin A, C und aus der Gruppe B. Sehr wichtig für die gute Funktion der Nieren und gegen Verstopfung.*
***Radieschen** ist ein guter Schleimlöser, antibakteriell und antianämisch; weist eine gute Menge Vitamin C, K und aus der Gruppe B sowie Eisen auf.*

1 Person

1 Tomate
4 Radieschen
1 Zitrone
Salz und Pfeffer
Gewürze,
Kardamomschoten (fakultativ)

Schwierigkeitsgrad:
EINFACH
Zubereitungszeit:
8 Minuten
Kalorien:
56 kcal

RADIESCHEN-ZITRONEN-TOMATEN-SAFT

1. Die Tomate waschen und den Stiel und harte Teile entfernen. In Stücke schneiden.
2. Die Radieschen putzen, Blätter und Wurzeln entfernen. Halbieren oder vierteln.
3. Die Zitrone auspressen und den Saft in einem Glas auffangen.
4. Tomaten und Radieschen verarbeiten. Der Saft, von Kerne und Haut der Tomate befreit, wird besonders glatt erscheinen und ist geeignet wenn kleine Stücke in Getränken nicht gewünscht sind.
5. Mit Salz und Pfeffer würzen und je nach Bedarf mit weiteren Gewürzen oder Kardamom.

*Das **Radieschen** enthält viele Vitamine, Mineralien und antioxidative Substanzen, die ihm die typische rote Farbe verleiht. Seine Blätter, auch diese reich an Mineralien, können zusammen mit anderem Gemüse zu Salat verarbeitet werden.*
*Die **Zitrone** ist eine Zitrusfrucht asiatischer Herkunft und ist perfekt im Mittelmeer angesiedelt. Die unreife grüne Frucht, kann auch nach Abnehmen von der Pflanze seine Reife erreichen.*
*Die **Tomate** ist sehr wichtig gegen Bluthochdruck und Gicht, besitzt auch Fähigkeiten gegen Akne und wirkt sich positiv auf die Elastizität der Haut aus.*

Rezepteigenschaften:
Der Radieschen-Zitrone-Tomaten-Saft ist abmagernd und hypokalorisch. Er trägt zur Wiederauffüllung von Mineralien und Wasser nach sportlichen Aktivitäten bei und ist wichtig für die Erhaltung der Gesundheit aufgrund der antioxidativen Substanzen die er enthält.

2 Personen

1 weiße Sellerie
1 Apfel
2 Möhren
4 Thymianzweige
4 Salbeiblätter
4 Schnittlauchbündel
Essbare Blumen zum Dekorieren

SELLERIE-APFEL-SAFT MIT AROMATISCHEN KRÄUTERN UND SCHNITTLAUCH

1. Die aromatischen Kräuter und die Sellerie putzen.
2. Die Blätter, die dunklen und beschädigten Stellen der Sellerie entfenen. Sellerie in Stücke schneiden und in den Entsafter geben.
3. Die Möhren waschen, schälen oder reiben, in Stücke schneiden und zur Sellerie geben.
4. Den Apfel waschen und halbieren. Zwei Scheiben zur Dekoration beiseitelegen, den restlichen Apfel schälen und in Stücke schneiden.
5. Den Apfel zur Sellerie und den Möhren geben und entsaften.
6. Den Saft in die Gläser füllen, mit zerkleinertem Schnittlauch würzen, die Kräuter hinzugeben sowie die Apfelscheiben und die essbaren Blumen.
7. Sofort servieren um die wohltuende Wirkung von frischem Obst und Gemüse zu genießen.

Schwierigkeitsgrad:
EINFACH
Zubereitungszeit:
10 Minuten
Kalorien:
120 kcal pro Person

Rezepteigenschaften:
Der Sellerie-Apfel-Saft mit Aromatischen Kräutern und Schnittlauch ist hypokalorisch, abmagernd und reinigend. Er enthält antioxidative Substanzen zur Vorbeugung von degenerativen Alterserkrankungen, vor allem kardiovaskulärer Art.

*Die **Sellerie** enthält Kalium, Calcium, Phosphor, Magnesium, Selen und Vitamine A, C und K.*
*Die **Möhre** wirkt schützend auf die Arterien und stärkt das Immunsystem.*
*Der **Schnittlauch** ist eine robuste Pflanze von der man die Blätter verzehren kann, die man das ganze Jahr über findet. Sie haben eine hervorragende reinigende und antiseptische Wirkung. Schnittlauch regt die Verdauungssäfte und den Appetit an und wird von einigen als aphrodisierend betrachtet, da positiv für die Herzaktivität. Enthält außerdem Viamin C, Phosphor und Kalium.*
*Die **aromatischen Kräuter** sind optimale Vitaminquellen sowie reich an Mineralien und Ballaststoffen.*

1 Person

200 g Spinat
5 Radieschen
5 Walnüsse
1 Bio-Zitrone

Schwierigkeitsgrad:
EINFACH
Zubereitungszeit:
10 Minuten
Kalorien:
123 kcal

RADIESCHEN-SPINAT-WALNUSS-SAFT MIT ZITRONE

1. Spinat putzen, einige Zeit in kaltes Wasser baden, dann vorsichtig abtrocknen und einige Blätter beiseitelegen.

2. Radieschen waschen, Blätter entfernen und halbieren oder vierteln.

3. Die Zitrone waschen, einen Teil der Schale entfernen (ca.1/4 belassen) und die Zitrone in kleine Stücke schneiden.

4. Die Walnüsse öffnen (2 Stück beiseitelegen zur Dekoration) und in einem Mörser zu einem homogenen Mehl verarbeiten.

5. Das Gemüse und die Zitrone in den Entsafter geben. Den Saft dann in die Gläser füllen, mit dem Walnussmehl würzen, verrühren, mit Spinatblätter und Walnüssen dekorieren und sofort verzehren, um den frischen Geschmack der Zutaten zu genießen.

*Die **Zitrone** ist ein gutes Mittel im Kampf gegen Cellulite.*
*Die **Walnuss** ist reich an Omega 3 Fettsäuren, wirkt herzschützend und hilft bei der Vorbeugung von Augenerkrankungen. Enthält Vitamin B, Mineralien, Calcium, Kalium und hat eine antidegenerative Wirkung. Sie beeinflusst auch die Cholesterin-Regulation.*
*Das **Radieschen** weist viele Vitamine, Mineralien und antioxidative Substanzen vor.*
*Der **Spinat** enthält Vitamin A, Folsäure und eine gute Menge Mineralien.*

Rezepteigenschaften:
Der Radieschen-Spinat-Walnuss-Saft mit Zitrone ist hilfreich bei Abnehmkuren und reich an Antioxidantien, wie Omega 3 und Omega 6, Vitamin C und Flavonoide. Diese wirken vorbeugend auf bestimmte Tumorarten und bei degenerativen Erkrankungen.

1 Person

100 g Löwenzahn
1 Zitrone
1 Artischocke
Salz und Pfeffer

Schwierigkeitsgrad:
MITTEL
Zubereitungszeit:
10-15 Minuten
Kalorien:
69 kcal

LÖWENZAHN-ARTISCHOCKE-ZITRONEN-SAFT

1. Den Löwenzahn in kaltes Wasser tauchen um Erdreste zu entfernen, dann abtrocknen.

2. Die Zitrone auspressen und den Saft beiseitelegen.

3. Die Artischocke putzen, beschädigte Blätter entfernen, den Stiel schälen und zusammen mit dem Löwenzahn verarbeiten; Zitronensaft hinzugeben, salzen, pfeffern und sofort servieren.

4. Der vorherrschende Geschmack ist bitter und wird von der Zitrone abgemildert. Aufgrund seines besonderen Geschmacks ist eine schrittweise Gewöhnung empfehlenswert!

Der ***Löwenzahn*** *ist eine sehr verbreitete Gräserpflanze, die bis in 1800 m Höhe wächst. Die beste Zeit für die Ernte ist vor der Blütezeit, im Februar, oder September, wenn die Pflanze im vollen Besitz ihrer guten Eigenschaften und besonders zart ist. Insbesondere ist er reich an Polyphenolen und ist entwässernd.*
Die ***Zitrone*** *wirkt abschwellend auf die Nasenschleimhaut, schützt vor Ansteckung und hält die Mundhöhle sowie Leber und Pankreas gesund.*
Die ***Artischocke*** *ist sehr nützlich um Fette und Cholesterin im Blut abzubauen und die Gefäßwände elastisch zu machen.*

Rezepteigenschaften:
Der Löwenzahn-Artischocken-Zitronen-Saft ist ein gesundes Getränk, mit entwässernder Wirkung, ideal für erhöhte Fett-und Cholesterinwerte im Blut. Hypokalorisch und abmagernd, wirkt er sich positiv auf die Leberfunktion aus.

1 Person

1 Zucchini
1 Zitrone
1/2 Teelöffel gemischte gemahlene Gewürze: Pfeffer, Kardamom, Zimt, Koriander
1 Teelöffel Extra Natives Olivenöl
Salz

ZUCCHINI-ZITRONEN-SAFT MIT GEWÜRZEN

Schwierigkeitsgrad:
EINFACH
Zubereitungszeit:
5 Minuten
Kalorien:
78 kcal

1. Die Zucchini waschen, die Enden entfernen, und je nach Entsafter in Stücke scheiden.
2. Die Limette halbieren, eine Scheibe für die Dekoration beiseitelegen und den Rest entsaften.
3. Die Zitrone schälen, in Stücke schneiden und zusammen mit dem Zucchini im Küchengerät verarbeiten.
4. Den Saft in ein Glas geben, mit Salz und Gewürzen würzen, mischen und sofort trinken.

Rezepteigenschaften:
Der Zucchini-Zitronen-Saft mit Gewürzen ist sehr hypokalorisch und ist stark sättigend. Bestens geeignet für die Darmgesundheit, enthält es viele antioxidative Substanzen wie Bio- Flavonoide und Anti-Aging-Substanzen.

*Die **Zucchini** ist ein sehr bekömmliches Gemüse, reich an Wasser (94 % seines Gewichts), hypokalorisch, mit einer Menge Mineralien (Kalium, Eisen, Calcium und Phosphor), Vitaminen (A, C, B1 und B2) und Bio-Flavonoide, sehr nützlich da antioxidativ. Außerdem enthält sie Lutein und Xeazanthin, Substanzen die selten in unseren Lebensmitteln vorkommen, die jedoch sehr wichtig für die Vorbeugung von Makula- Degeneration sind.*
*Die **Zitrone** ist in der traditionellen Medizin ein Hilfsmittel um die Zähne weiß, gesund und glänzend zu halten.*
*Die **Gewürze** sind reich an Mineralien, die sich positiv auf den Stoffwechsel auswirken und somit Gewichtsverlust begünstigen.*

SÄFTE, EMULSIONEN UND SMOOTHIES MIT PFLANZLICHEN PROTEINEN

NATÜRLICHE ZUTATEN

von Cinzia Trenchi

Die Smoothies und die Emulsionen mit pflanzlichen Proteinen wie Soja-Getränke, Reisgetränke oder Hafer, Creme und Joghurt sind bei veganen Diäten eine echte Alternative zu tierischen Proteinen. Außerdem verschmelzen diese Zutaten perfekt mit Obst und Gemüse und lassen wunderbar schmackhafte Zubereitungen entstehen! Cremigkeit und Geschmack sind die Haupteigenschaften, die bereits beim ersten Schluck auffallen: unabhängig davon, welche „Milch" aus Getreide gewählt wird, das Ergebnis wird hervorragend sein; bei der Auswahl zählt hier nur der eigene Lieblingsgeschmack. Häufig bestehen aber auch Überempfindlichkeiten gegen bestimmte Zutaten. In diesen Fällen muss die Ernährung umgestellt und mit anderen Zutaten vervollständigt werden. So ist es optimal, wenn die Milch, die Creme und der traditionelle Joghurt mit anderen Zutaten ersetzt wird und dabei die gleiche Konsistenz beibehält. Getränke auf Soja-Basis, aber auch auf Reis- und Haferbasis, sind echte Alternativen für ein energetisches Frühstück, stellen einen optimalen Pausensnack mit niedrigem Kaloriengehalt dar und eignen sich dazu, Zubereitungen aus Obst oder Gemüse zu vervollständigen, ohne den ursprünglichen Geschmack zu überdecken. Bei der Auswahl sollten Sie, neben Ihren eigenen Geschmackswünschen, auch eventuelle Unverträglichkeiten oder Allergien berücksichtigen, die die Auswahl unweigerlich auf das eine oder andere Produkt lenken können. Seit geraumer Zeit kann man im Handel (wenn die Zubereitung zu Hause nicht möglich ist), optimale vegetarische Ersatzprodukte auch für Joghurt und Cremes erhalten, die dafür sorgen, dass die beliebtesten Zubereitungen nicht vergessen gehen, und helfen sogar, wenn es die Diät erlaubt, diese in unserer Ernährung zu integrieren. Außerdem ist eine vegetarische Creme oder ein vegetarischer Joghurt immer etwas leichter als die entsprechenden Produkte aus Kuhmilch und der Geschmack ist sicher nicht minderwertig. Mit anderen Worten: Freie Bahn der Gesundheit, der Leichtigkeit und der Möglichkeit, die Kalorien kontrollieren zu können, vor allem wenn die Diät nicht nur Wohlbefinden sondern auch Gaumenfreuden verspricht.

DAS IMMUNSYSTEM AKTIVIEREN

von Maurizio Cusani

Eine erwachsene Person hat in der Regel einen täglichen Proteinbedarf von einem Gramm pro Kilo Körpergewicht. Eine ausgewogene Ernährung sieht die Aufnahme von allen Proteinarten vor und besteht idealerweise aus 50 % vegetarischem und 50 % tierischem Ursprung.
Während ein Überschuss an tierischen Proteinen eine Ansammlung von azoischen Substanzen mit einer Verlangsamung des Stoffwechsels, Überarbeitung der Nieren und globaler Vergiftung als Folgen mit sich bringt, kommt dies bei pflanzlichen Proteinen nicht vor. Diese sind jedoch weniger wertvoll als die tierischen, und enthalten keine ausreichende Menge an ungesättigten Aminosäuren, also an Vorgängen, die der menschliche Körper nicht alleine aktivieren kann und muss somit unvermeidlich durch die Ernährung zugeführt werden. Deshalb ist es wichtig, pflanzliche Proteine zu kombinieren, um die Ernährung dadurch zu ergänzen.
Die proteinhaltigen Misch-Smoothies sind sehr sättigend und daher äußerst nützlich bei Diäten, da diese in der Lage sind, die tägliche Gesamtkalorienzufuhr zu mindern, ohne die Gesundheit der Person zu beeinträchtigen. Außerdem halten sie die Immunabwehr aktiv und die Fähigkeit Gewebe zu reparieren, aufrecht.
Es ist zweifelsfrei, dass der Stoffwechsel durch Gewürze angekurbelt wird und dass die Getränke durch die Mischung aus Obst und Gemüse, die Mineralien und Antioxidantien enthalten, aufgewertet werden, wie in den hier vorgestellten Zubereitungen.

1 Person

150 g Sojajoghurt
1 Teelöffel gemahlene Gewürze:
Zimt, Koriander, Gewürznelken, Bockshornklee, Pfeffer, etc.
1 Teelöffel Leinöl (ca. 5 g)
1 Prise Salz

SOJAJOGHURT-EMULSION MIT GEWÜRZEN

1. Dieses Rezept kann auch nur mit einem kleinen Schneebesen zubereitet werden.

2. Die Zutaten in eine Schüssel geben und so lange verrühren, bis eine homogene Mischung entsteht, dann in ein Glas geben und genießen.

3. Diese Emulsion mit Gewürzen ist reich an Aromen und Geschmack und hat eine wohltuende Wirkung auf unseren Körper.

4. Man kann sie im Kühlschrank aufbewahren und ist perfekt als besondere Vorspeise oder als leckerer Snack.

Schwierigkeitsgrad:
MITTEL
Zubereitungszeit:
5 Minuten
Kalorien:
138 kcal

Rezepteigenschaften:
Die Sojajoghurt-Emulsion mit Gewürzen ist besonders wirksam auf den Stoffwechsel, agiert als Aphrodisiakum und ist reich an Substanzen, die die freien Radikale bekämpfen.

*Der **Zimt** ist wichtig für die Vorbeugung von Krankheiten und bei der Anregung des Immunsystems. Er ist besonders wichtig für das Wohlbefinden des Darms und wirkt antibakteriell.*
*Die **Gewürznelken** wirken antiseptisch, krampflösend, entzündungshemmend und verdauungsfördernd. Die enthaltenen Flavonoide dieses Gewürzes haben zahlreiche antioxidative Fähigkeiten, sie wirken gegen Zahnschmerzen, da sie schmerzlindernd wirken und die Mundgesundheit begünstigen in dem sie antimykotische Fähigkeiten entfalten.*
*Das **Soja** agiert auf neurologischer Ebene bei der Unterdrückung des Hungergefühls.*
*Das **Leinöl** enthält die Fettsäuren Omega 3 und 6, wirksam gegen Verstopfung und Cholesterin.*

2 Personen

1 Artischocke
100 g Sojacreme
1 Teelöffel Zitronensaft
Salzflocken
1 Teelöffel Extra Natives Olivenöl
2 Zweige Petersilie

SOJACREME-EMULSION MIT ARTISCHOCKEN-ZITRONEN-SAFT

Schwierigkeitsgrad:
MITTEL
Zubereitungszeit:
5 Minuten
Kalorien:
145 kcal pro Person

1. Die Artischocke waschen, äußere eventuell beschädigte Blätter entfernen, sowie die Spitzen und wenn vorhanden die Haare, dann in Stücke schneiden je nach Küchenmaschine. Den Saft auspressen und in einem Glas auffangen.

2. Petersilie waschen. In einem Behälter die Sojacreme, das Öl, Salzflocken, die Zitrone und langsam den Artischockensaft dazugeben, auf die Menge achten, da recht bitter.

3. Alles mit einem Schneebesen verrühren, bis man eine homogene Mischung erhält, mit der Petersilie aromatisieren und mit eventuell übriggebliebenem Artischockensaft, das man je nach Geschmack hinzufügen kann, servieren.

4. Diese Emulsion ist perfekt zum Würzen von Suppen, Eintöpfen, als besonderer Aperitif oder originelle Vorspeise.

Rezepteigenschaften:
Die Sojacreme-Emulsion mit Artischocken-Zitronen-Saft ist hypokalorisch, antiseptisch, wirkt schützend auf entgiftende Organe wie die Leber, hat altersverzögernde Eigenschaften und bekämpft wirksam Infektionen.

*Die **Zitrone** besitzt ein Aroma, das die Aufmerksamkeit anregt.*
*Die **Artischocke** ist reich an einer antioxidativen Substanz (Cynarin), die besonders dann wirkt, wenn das Gemüse roh verzehrt wird.*
*Die **Petersilie** ist eine weit verbreitete aromatische Pflanze im südlichen Europa, wo sie herstammt. Enthält Ballaststoffe, Mineralien (Calcium, Kalium, Natrium, Phosphor, Magnesium, Eisen, Zink, Selen und Mangan), Vitamine (A,C,E,K und B Gruppe), sowie interessante Aminosäuren und relativ große Mengen an Bio-Flavonoide, antioxidative Substanzen die die Zellalterung verzögern.*

2 Personen

- 1 Tomate
- 1 Sellerieherz
- 100 g Sojacreme
- 100 g Sojajoghurt
- 2 Zweige Petersilie
- 1 Teelöffel Extra Natives Olivenöl
- 1 Teelöffel Zitronensaft
- Salz

SOJACREME-TOMATEN-EMULSION MIT SELLERIE UND PETERSILIE

1. Die Tomate waschen und Haut und Kerne entfernen.
2. Sellerie und Petersilie waschen (wird zum Würzen der Creme verwendet). Sellerie in Stücke schneiden.
3. Tomate fein hacken oder mixen, zusammen mit dem Öl in eine Schüssel geben, den Zitronensaft, das Salz, die Creme und den Joghurt dazugeben. Mit einem Quirl alles verarbeiten, bis man eine homogene, weiche Mischung erhält.
4. Die Zusammensetzung in Gläser oder Schüssel füllen, mit Petersilie und Selleriestücken dekorieren.
5. Diese köstliche Emulsion kann als Appetizer oder leichte Vorspeise verzehrt werden, reich an leichten sommerlichen Aromen.

Schwierigkeitsgrad:
MITTEL
Zubereitungszeit:
10 Minuten
Kalorien:
110 kcal pro Person

Rezepteigenschaften:

Die Sojacreme-Tomaten-Emulsion mit Sellerie und Petersilie ist sehr sättigend und ein wichtiger Verbündeter bei Problemen der Darmtätigkeit. Er wirkt entschlackend, entwässernd und ist reich an zahlreichen Antioxidantien, die vor allem im zentralen Nervensystem wirken.

Die ***Tomate*** *enthält aktive Substanzen gegen Talg und fettige Haut.*
Die ***Sellerie*** *ist reich an Vitamin C und weist antientzündliche, hydrierende und entwässernde Eigenschaften auf. Sie enthält auch antioxidative Flavonoide wie Lutein, Zeaxanthin und Betacarotin. Seine nicht bekannte abmagernde Fähigkeit ist dem vorhandenen Molekül 3-n-Butylphthalid und dem hohen Wasseranteil zu verdanken.*
Das ***Soja*** *begünstigt den Muskelaufbau und verringert den Fettanteil.*
Die ***Petersilie*** *regt die Verdauungsaktivität an und bekämpft Blähungen. Ein gutes Tonikum und ein gutes Entwässerungsmittel.*

2 Personen

100 g Tofu
100 g Tofu-Creme
1 Löffel Extra Natives Olivenöl
1 Teelöffel gemahlene Gewürze (Kurkuma, Chili, Pfeffer, Kümmel)
1 Prise Safran

Gemüse je nach Saison, zum Beispiel:
2 Möhren
1 Gurke
4 Radieschen
2 Sellerie
100 g Daikon
4 kleine Tomaten
2 Holzspieße

TOFU-CREME-EMULSION MIT GEWÜRZEN UND GEMÜSE-SPIEßEN

1. Das Gemüse waschen, wie gewohnt putzen und auf Küchenpapier trocknen lassen.

2. In einem kleinen Topf einen Löffel Tofu-Creme mit Gewürzen bei geringer Hitze auflösen. Dieses ermöglicht es eine glatte Mischung ohne Klumpen zu erhalten.

3. Den Tofu fein hacken, mit der restlichen Creme und dem Olivenöl vermischen. Die Gewürzcreme hinzugeben und solange mischen bis eine homogene Mischung entsteht. Mit Safran veredeln.

4. Das Gemüse in Stücke schneiden und nach Bedarf auf kleine Holzspieße dekorieren.

5. Diese Emulsion als Aperitif oder Vorspeise servieren; es ist eine leichte und leckere Creme, perfekt für sommerliche Temperaturen.

Schwierigkeitsgrad:
MITTEL
Zubereitungszeit:
15 Minuten
Kalorien:
200 kcal pro Person

Rezepteigenschaften:
Die Tofu-Creme-Emulsion mit Gewürzen und Gemüsespießen ist ein energiereiches Getränk, das einen hohen Sättigungsgrad aufweist, den Stoffwechsel anregt, den Kalorienverbrauch begünstigt und eine Versorgung mit Mineralien, Ballaststoffen und Vitaminen sicherstellt.

Der ***schwarze Pfeffer*** *ist eines der meist verwendeten Gewürze und enthält 6 % Piperin, die Substanz die seinen charakteristischen Geschmack ausmacht, die sich positiv auf die Verdauung auswirkt und die Produktion von Endorphinen auf geistiger Ebene anregt, die antidepressive Eigenschaften aufweisen.*
Der ***Tofu*** *ist ein hyperproteinischer Käse auf Sojabasis und passt zu jedem Gemüse.*
Das ***Gemüse*** *(Sellerie, Möhren, Radieschen, Daikon, Gurken) ist reich an Vitamin A, C und E, enthält antioxidative und antidegenerative Flavonoide, sowie essenzielle Mineralien wie Magnesium und Eisen. Es handelt sich hierbei um abmagernde Zutaten mit einem hohen Sättigungsgrad.*

1 Person

100 g Trauben

100 ml Sojajoghurt

SOJAJOGHURT-TRAUBEN-SMOOTHIE

1. Die Trauben vom Stiel befreien, in Stücke schneiden und die Kerne entfernen.
2. Die Trauben und den Sojajoghurt in den Mixerbecher geben.
3. Die Zutaten solange verarbeiten, bis eine glatte und homogene Mischung entsteht. In ein Glas füllen und sofort trinken.
4. Wenn man Joghurt mit Obst vermischt, verliert er seine leichte Konsistenz und wird zu einem durstlöschenden Getränk mit vielen wertvollen Nährstoffen. Dieser Smoothie schmeckt auch mit Eis sehr lecker.

Schwierigkeitsgrad:
MITTEL
Zubereitungszeit:
5 Minuten
Kalorien:
133 kcal

Rezepteigenschaften:

Der Sojajoghurt-Trauben-Smoothie wirkt leicht abführend, erfrischend und hydrierend. Er ist reich an Anthocyanosiden, die eine schützende Aktivität bei Erkältungserkrankungen und Darmerkrankungen ausüben.

*Das **Soja** enthält mehrfach ungesättigte Fettsäuren wie Omega 3, die sehr hilfreich beim Schutz des Herzkreislaufs sind. Es ist außerdem reich an Vitamin B9 und E und enthält essenzielle Mineralien wie Eisen und Kalium.*

*Die **Traube** ist geeignet bei Asthenie, bei anämischen Formen, bei Gichtpatienten mit hohen Urikämie-Werten, bei Arthritis und Krampfadern. Sie wirkt digestiv und leicht abführend und aktiviert die Immunsystem-Reserven. Das Phenol und die Gerbsäure, die sie enthalten, haben eine antivirale Wirkung bei Herpes. Der Verzehr von Trauben hat bei der Ampelotherapie eine verjüngende und entschlackende Wirkung.*

2 Personen

200 g Reismilch
400 g Ananas
10 eingelegte entsteinte Kirschen
4 getrocknete Aprikosen
Holzspieße

SMOOTHIE MIT TROCKENAPRIKOSEN, EINGELEGTEN KIRSCHEN UND REISMILCH

1. Reismilch erhitzen. Vom Herd runternehmen, die Aprikosen und Kirschen hinzufügen und 30 Minuten ruhen lassen. Die Mischung in den Mixerbecher geben und solange verarbeiten, bis man eine schaumige Mischung erhält.

2. Die Ananas schälen, in Stücke schneiden und die Holzspieße damit bestücken.

3. Den Smoothie in Gläser geben und mit den Holzspießen servieren.

4. Besonders geeignet als nahrhaftes und gleichzeitig leichtes und durstlöschendes Frühstück; ein wunderbares und komplett gesundes Dessert!

5. Trockenobst oder eingelegtes Obst ist eine gute Alternative um bestimmte Obstsorten auch außerhalb der Saison zu genießen.

Schwierigkeitsgrad:
EINFACH
Zubereitungszeit:
10 Minuten
Kalorien:
180 kcal pro Person

Rezepteigenschaften:

Der Smoothie mit Trockenaprikosen, Eingelegten Kirschen und Reismilch ist sehr energetisierend, lecker und hat ein angenehmes Aroma. Es ist ein Getränk mit entzündungshemmenden Eigenschaften und spielt eine wichtige Rolle bei Viruserkrankungen der Atemwege und des Verdauungstraktes.

*Die **Kirschen** enthalten Substanzen die antiphlogistische und antineuralgische Wirkungen haben.*
*Die **Aprikose** hat einen leicht abführenden Effekt aufgrund des enthaltenen Sorbitols.*
*Die **Ananas** ist sättigend, digestiv, ein perfektes Entwässerungsmittel und übt schmerzlindernde und sättigende Funktionen aus.*
*Die **Reismilch** ist geeignet bei Laktoseintoleranz, da gänzlich ohne Laktose. Sie enthält eine gewisse Menge an Calcium und gut verdauliche einfache Zucker. Sie ist reich an mehrfach ungesättigten Fettsäuren.*

1 Person

1 Baby-Banane
1 Birne

100 ml Sojamilch

BANANEN-BIRNEN-SOJAMILCH-SMOOTHIE

1. Die Banane schälen, in Scheiben schneiden und direkt in den Mixerbecher geben.
2. Die Birne schälen, den Stiel und den Strunk entfernen, in Stücke schneiden und zu der Banane geben.
3. Die Sojamilch zu den anderen Zutaten geben, einige Sekunden mixen, bis man eine cremige glatte Mischung erhält.
4. In ein Glas füllen und sofort trinken!
5. Cremig, anziehend und wohl schmeckend, ein perfekter Smoothie das auch in ein leckeres Eis verwandelt werden kann.

Schwierigkeitsgrad:
EINFACH
Zubereitungszeit:
5 Minuten
Kalorien:
160 kcal

Rezepteigenschaften:
Der Bananen-Birnen-Sojamilch-Smoothie ist ein nahrhaftes Getränk, reich an leicht verdaulichem Zucker, Mineralien, Ballaststoffen und Proteinen. Es ist ein sehr energetischer Mix mit einem hohen Sättigungsgrad und perfekt für nicht mehr so junge Personen.

Die ***Banane*** *ist sehr sättigend, reich an Kalium, nahrhaft, energetisierend und enthält diverse hilfreiche Substanzen zur Regulierung des Blutdrucks und zur Verminderung des schädlichen Cholesterins (LDL), sehr wichtig für die Arteriengesundheit.*
Die ***Birne*** *ist in der Lage Fette zu verbrennen, verbessert und verjüngt die Haut. Sie ist ideal, um Bluthochdruck zu bekämpfen und sehr hilfreich bei der Erhaltung der Darmgesundheit.*
Das ***Soja*** *enthält Substanzen wie Genistein und Daidzein, die in der Lage sind, einen Überschuss an Östrogen zu regeln, welcher PMS auslöst.*

2 Personen

2 Kaki
200 ml Reismilch

1 Teelöffel gerieben Bio-Zitronen- und Orangenschale
1 Zitrone

KAKI-SMOOTHIE MIT REISMILCH

1. Die Kaki waschen, den Stiel und die Schale entfernen, sowie eventuelle Kerne und das Fruchtfleisch in den Mixerbecher geben.

2. Die Zitrone auspressen.

3. Die geriebene Zitronenschale der Zitrusfrüchte, den Zitronensaft, die Reismilch hinzugeben und so lange mixen, bis eine glatte und homogene Mischung entsteht.

4. In ein Glas füllen und sofort trinken.

5. *Die Reismilch kann man ganz leicht vorbereiten, indem man ein Teil weißen Reis oder Vollkornreis mit zehn Teile Wasser für eine Stunde bei geringer Hitze kochen lässt. Wenn sie abgekühlt ist, sollte die Reismilch mit einem Sieb gefiltert werden. Wenn gewünscht, kann man die Reismilch mit Vanille oder Honig würzen.*

Schwierigkeitsgrad:
EINFACH
Zubereitungszeit:
5 Minuten
Kalorien:
136 kcal pro Person

Rezepteigenschaften:
Der Kaki-Smoothie mit Reismilch ist ein sehr energetisches Getränk, reich an schnell und langsam resorbierbaren Zuckern. Dieses Getränk ist hilfreich bei der Regulierung des Verdauungsapparats und für Menschen die an Verstopfung und Reizdarm leiden. Er ist jedoch nicht für Diabetiker geeignet.

*Die **Kaki** schützt Leber und Kolon, bekämpft die Wintermüdigkeit und ist ideal für Astheniker, Menschen in der Genesungsphase und sehr erschöpfte Menschen. Außerdem regelt sie die Darmfunktionen.*
*Die **Reismilch** enthält kein Gluten und enthält im Vergleich zur Kuhmilch weniger Proteine, Cholesterin, gesättigte Fettsäuren und Vitamin D. Außerdem enthält sie ungesättigte Fettsäuren und ist reich an einfachen Zuckern. Sie ist ein guter Regulator für die Darmfunktion und ist geeignet bei Koliken.*

2 Personen

50 g Brombeeren
50 g Erdbeeren
300 g Ananas
100 g Sojajoghurt

Schwierigkeitsgrad:
MITTEL
Zubereitungszeit:
12 Minuten
Kalorien:
145 kcal pro Person

BROMBEEREN-ERDBEEREN-SOJAJOGHURT-SMOOTHIE

1. Die Brombeeren und Erdbeeren sanft unter fließendem Wasser waschen und dann entsaften. Den Saft in den Mixerbecher geben (so können die kleinen Kerne der Waldfrüchte entfernt werden, da nicht von jedem gemocht).
2. Die Ananas waschen, schälen, in Stücke schneiden und dem Saft hinzugeben.
3. Den Joghurt hinzugeben und solange mixen, bis eine homogene Mischung entsteht.
4. In Gläser geben und sofort servieren, um den tollen Geschmack und die wohltuende Wirkung des frischen Obst zu genießen.

*Die **Erdbeere** ist reich an Wasser, Vitaminen, Antioxidantien und ist sehr sättigend. Da sie wenig Zucker enthält (vor allem Fruktose) kann sie auch von Diabetikern verzehrt werden. Die **Brombeere** wirkt entwässernd, durstlöschend, reinigend und ist in der Lage Störungen des Mikrokreislaufs zu beeinflussen und das für Arterien schlechte Cholesterin (LDL) zu vermindern. Leicht abführend, weist eine hohe Konzentration an Vitamin B9 und Folsäure auf, sehr nützlich bei schwangeren Frauen.*
*Das **Soja** ist eine Hülsenfrucht und reich an Vitamin A und Mineralien wie Phosphor und Kalium.*

Rezepteigenschaften:
Der Brombeeren-Erdbeeren-SojaJoghurt-Smoothie ist ein erfrischendes, reinigendes Getränk, reich an antioxidativen Substanzen und mit schmerzlindernden und antiphlogistischen Eigenschaften. Sehr ausgewogen und sättigend, geeignet für alle Diäten.

KIWI-SMOOTHIE MIT ZITRONENSAFT UND HAFERCREME

2 Personen

4 Kiwi
200 ml Hafercreme
1 Zitrone
1 Kiwi und 1/2 Zitrone zum Dekorieren
10 Eiswürfel

Schwierigkeitsgrad:
EINFACH
Zubereitungszeit:
7 Minuten
Kalorien:
165 kcal pro Person

1. Kiwis waschen, schälen, in Stücke schneiden und direkt in den Mixerbecher geben, dann die Hafercreme hinzufügen.
2. Die Zitrone entsaften, zu den anderen Zutaten geben und Eiswürfel hinzugeben.
3. Den Mixer so lange betreiben, bis eine glatte Mischung ohne Fruchtstücke zu sehen ist.
4. Die Mischung in die Gläser geben und mit kleinen Kiwi-Stücken sowie Zitronenscheiben dekorieren.
5. Ein sehr durstlöschender, energetischer Smoothie, mit einem leicht säuerlichen Geschmack, auch als hungerstillende Zwischenmahlzeit geeignet.

*Die **Zitrone** ist in der Lage zur Erneuerung von Hautschichten und der Kopfhaut beizutragen. Der **Hafer** ist reich an Avenathramiden, azoischen Phenolverbindungen, die eine antitumorale Wirkung aufweisen. Diese Cerealie enthält die meisten Proteine (fast 15 %) und enthält ungesättigte Fettsäuren wie zum Beispiel Linolsäure, die für Herz-Kreislauferkrankungen wichtig sind. Hafermehl ist geeignet für Kinder und Menschen in der Genesungsphase. Die **Kiwi**, ursprünglich aus Neuseeland stammend, hat sich in Europa sehr schnell verbreitet und Italien ist aktuell das Land mit der größten Kiwi-Produktion der Welt. Sehr reich an Vitamin C.*

Rezepteigenschaften:
Der Kiwi-Smoothie mit Zitronensaft und Hafercreme ist ein Getränk, das gegen virale Infektionen und degenerative Erkrankungen wirkt. Er ist abmagernd, hydrierend, entschlackend und sehr hilfreich für kleine Kinder sowie zur Erholung nach Erkrankungen und um schnell wieder zu Kräften zu kommen.

2 Personen

400 ml Hafermilch
1 Vanilleschote

100 ml Amarenakirschen

VANILLE-HAFERMILCH-SMOOTHIE MIT AMARENAKIRSCHEN-SIRUP

1. Die Hafermilch in einen Topf geben, gehackte Vanilleschote hinzugeben und 10 Minuten kochen. Das Ganze abkühlen lassen und dann die Milch mit einem Sieb filtern.
2. Wenn die Hafermilch aromatisiert wurde, kann diese für einige Tage im Kühlschrank aufbewahrt werden.
3. Die aromatisierte Milch in den Mixerbecher geben, den Amarenakirschen-Sirup hinzugeben und mixen.
4. Es ist möglich dieses Getränk einige Tage im Kühlschrank aufzubewahren, ohne dass es sich auf den Geschmack auswirkt.
5. Dieser Smoothie ist sehr leicht zuzubereiten und kann mit allen möglichen Fruchtsirups zubereitet werden.

Schwierigkeitsgrad:
MITTEL
Zubereitungszeit:
30 Minuten
Kalorien:
145 kcal pro Person

Rezepteigenschaften:
Der Vanille-Hafermilch-Smoothie mit Amarenakirschen-Sirup ist ein Getränk mit vielen Antioxidantien (Flavonoide und Anthocyane), entschlackend und leicht abführend. Er hat außerdem energetisierende Eigenschaften und bekämpft psychophysischen Stress.

*Die **Amarena** reguliert die kardiovaskuläre Aktivität und wirkt sich positiv auf das zentrale Nervensystem aus. Sie ist entschlackend, dank der vorhandenen Pektine, bekämpft Arthrose und regt die Muskelfunktion an. Sie enthält viele Mineralien (vor allem Kalium) und hat einen leichten abführenden Effekt.*
*Der **Hafer** ist reich an Betaglucan eine Substanz, die die Aufnahme von Cholesterin aus der Nahrung vermindert, und Avenin, ein aktives Alkaloid gegen Depression und mit anregender Wirkung. Außerdem enthält sie Lecithin, Vitaminen der Gruppe B und Mineralien wie Calcium und Phosphor.*
*Die **Vanille** ist ein süßes Gewürz mit einem intensiven Duft und stammt aus einer Orchideenart.*

2 Personen

2 Äpfel
200 ml Sojamilch
1 Teelöffel gemahlene Gewürze: Zimt, Pfeffer, Walnuss
Muskat, Nelken
10 Eiswürfel
Einige Zimtstangen und Gewürznelken zum dekorieren

APFEL-SMOOTHIE MIT SOJAMILCH UND GEWÜRZEN

1. Die Äpfel waschen, schälen, Strunk und Stiel entfernen, in Stücke schneiden und in den Mixer geben.

2. Die Gewürze, die Sojamilch und das Eis hinzufügen und so lange mixen bis eine glatte und homogene Mischung entsteht.

3. Das Getränk in die Gläser gießen und mit Zimtstangen und Gewürznelken dekorieren.

4. *Wenn man Sojamilch zubereiten möchte, muss man 100 g gelbe Soja 20 Stunden in 1 l Wasser lassen, dann einen 1/2 Liter Wasser hinzufügen und mixen. Die erhaltene Mischung in 1 l heißes Wasser geben und für weitere 15 Minuten kochen, dann abkühlen lassen und mit einem Sieb filtern. Sojamilch hält sich ca. 3 Tage im Kühlschrank.*

Schwierigkeitsgrad:
EINFACH
Zubereitungszeit:
5 Minuten
Kalorien:
95 kcal pro Person

Rezepteigenschaften:
Der Apfel-Smoothie mit Sojamilch und Gewürzen stellt die ideale Mischung dar für alle die an Kreislauferkrankungen oder Diabetes leiden und ihr Gewicht reduzieren müssen. Es ist ein Getränk mit einem hohen Sättigungsgrad, sehr hydrierend und anregend.

*Das **Soja** reduziert Cholesterin, reguliert den Appetit und wirkt sich positiv auf den Stoffwechsel aus.*
*Der **Apfel** ist eine wichtige Ressource, aufgrund seines Pektingehaltes, bei der Bekämpfung von schlechtem Cholesterin im Blut, welches Schlaganfälle und Herzerkrankungen verursacht. Sie hat auch Auswirkungen auf die Verminderung von Blutzucker, stellt daher ein optimales Nahrungsmittel für Diabetiker dar.*
*Der **Pfeffer** ist eines der meist verbreiteten Gewürze und besteht aus Wasser (ca. 10 %), Proteinen, Fette, Mineralien wie Calcium, Natrium, Kalium, Eisen, und Phosphor. Der Verzehr von schwarzem Pfeffer ist für Menschen mit Bluthochdruck nicht geeignet, sowie für Menschen die an Hämorrhoiden leiden. Er kann außerdem die Wirksamkeit einiger Medikamente beeinträchtigen.*

2 Personen

50 g Blaubeeren
1 Birne

300 ml Sojamilch

BLAUBEER-SMOOTHIE MIT BIRNE UND SOJAMILCH

1. Die Blaubeeren putzen, unter fließendes Wasser abwaschen und leicht mit einem Küchenpapier abtrocknen.

2. Die Birne schälen, den Stiel und den Strunk entfernen und in Stücke schneiden.

3. Die Sojamilch in den Mixerbecher geben, Birnenstücke und Blaubeeren hinzufügen und so lange verarbeiten bis ein glattes und homogenes Getränk entsteht.

4. Um ein nahrhaftes und auch durstlöschendes Getränk zu erhalten, kann man auch je nach Jahreszeit und nach Bedarf Eiswürfel hinzufügen. Dieses Getränk kann ein Frühstück ersetzen und ist für Veganer und für daran interessierte Menschen geeignet.

Schwierigkeitsgrad:
EINFACH
Zubereitungszeit:
5 Minuten
Kalorien:
130 kcal pro Person

Rezepteigenschaften:
Der Blaubeer-Smoothie mit Birne und Sojamilch ist ein erfrischendes, hydrierendes Getränk, reich an Antioxidantien und Ballaststoffe, die bei der Vorbeugung von Alterserkrankungen helfen. Dieses Getränk weist eine sehr gute Bilanz an vegetarischen Proteinen auf.

*Die **Blaubeeren** sind reich an Hydrozimtsäure, dies ist in der Lage Krebs erregende Substanzen die Verdauungsapparat produziert werden zu neutralisieren und die Alterungsprozesse zu verlangsamen. Sie enthalten außerdem Pterostilbene, ein Derivat des Resveratrol (auch in Rotwein, in Trauben und in kleinerer Menge in Erdnüssen enthalten), dass eine abmagernde Funktion ausübt und somit perfekt als Nahrungsmittel in Diäten geeignet ist.*
*Die **Birne** erhält einen konstanten Energielevel aufrecht während schwerer körperlicher Aktivität.*
*Das **Soja** enthält Isoflavone, die die Aktivität von Sexualhormonen in den Wechseljahren begünstigen können.*

2 Personen

- 1 reife Birne
- 200 ml Reismilch
- 50 g Haferflocken

BIRNEN-SMOOTHIE MIT REISMILCH UND HAFERFLOCKEN

Schwierigkeitsgrad:
EINFACH
Zubereitungszeit:
5 Minuten
Kalorien:
185 kcal pro Person

1. Die Birne waschen und schälen. Birnenstücke schneiden und direkt in den Mixerbecher geben, dann die Reismilch hinzufügen.

2. Das Ganze mixen bis eine homogene Mischung entsteht, in die Gläser gießen und mit Haferflocken servieren.

3. Diese Mischung ist perfekt für ein ausgewogenes Frühstück und gleichzeitig nahrhaft mit einer geringen Kalorienanzahl. Wenn eher ein samtigeres Getränk gewünscht wird, kann man die Haferflocken zusammen mit den anderen Zutaten mixen.

Rezepteigenschaften:
Der Birnen-Smoothie mit Reismilch und Haferflocken ist sehr energetisierend und ist dazu geeignet, die Energiereserven nach intensiver körperlicher Aktivität oder psychophysischen Stress wieder aufzufüllen. Er weist einen hohen Sättigungsgrad auf und bietet durch seine Zusammensetzung eine ausgewogene Nährstoffmenge.

*Die **Reismilch** ist sehr energetisch und ist daher ein wichtiges Nahrungsmittel für Personen die lang anhaltende körperliche Anstrengungen durchführen, jedoch ungeeignet für Diabetiker. Da sie die Verdauungsfunktion reguliert, ist dieses Getränk geeignet für Personen mit Reizdarm und Luft im Magen.*
*Die **Birne** enthält Mineralien wie Bor, Kalium und Magnesium, Vitamine und Ballaststoffe. Sie ist eine hypokalorische Frucht, in der Lage den Körper aufgrund ihres Wassergehalts zu hydrieren und einen konstanten Energielevel während langanhaltender sportlicher Aktivität zu gewähren.*
*Die **Haferflocken** sind geeignet für Kinder und für Personen in der Genesung aufgrund seiner Nährstoffe und seiner stärkenden Fähigkeiten. Sie enthalten diverse antioxidative Fette, unter anderem Linolsäure.*

2 Personen

1 Bio-Birne
200 g reife Mango
200 ml Sojamilch

BIRNEN-SMOOTHIE MIT SOJAMILCH UND MANGO

1. Die Birne schälen, den Strunk und sind Stiel entfernen, in Stücke schneiden, die Schale beibehalten und in den Mixerbecher geben.
2. Mango waschen, schälen und zur Birne geben.
3. Die Sojamilch hinzufügen, alles mixen und in Gläser füllen.
4. Dieser nahrhafte Smoothie ist durstlöschend und hat eine bräunliche Farbe aufgrund der in der Birnenschale vorhandenen Tannine. Wenn das Getränk eher eine mangoähnliche Farbe (gelb) haben soll, nur das Fruchtfleisch der Birne verwenden und die Schale entfernen.

Schwierigkeitsgrad:
EINFACH
Zubereitungszeit:
5 Minuten
Kalorien:
150 kcal pro Person

Rezepteigenschaften:
Der Birnen-Smoothie mit Sojamilch und Mango ist ein sehr sättigen des Getränk und daher auch geeignet für Abnehmdiäten. Er ist ideal um eine ausgewogene Proteinzufuhr zu gewähren, auch für Personen die nicht so gerne Fleisch essen und ist zudem hilfreich für die Darmgesundheit.

*Die **Birne** wirkt vorbeugend bei Herz-Kreislauferkrankungen und bei der Bekämpfung von Bluthochdruck. Sie hat antitumorale Eigenschaften, hilft dem Darm bei der Eliminierung von Schadstoffen und ist, dank des Kaliumgehalts wichtig, um Krämpfe vorzubeugen.*
*Die **Sojamilch** ist eine optimale Proteinquelle. Gemäß einiger Studien ist dieses Nahrungsmittel aktiv bei der Vorbeugung von Tumoren und auch von einigen Kreislauferkrankungen.*
*Die **Mango** schützt die Schleimhäute der Atemwege, wirkt tonisch auf die Haut und begünstigt die Nierenfunktion. Außerdem enthält sie Antioxidantien und ist reinigend, entwässernd und abführend.*

1 Person

200 g reife Pflaumen
100 ml Hafermilch
5 Eiswürfel (fakultativ)

PFLAUMEN-SMOOTHIE MIT HAFERMILCH

1. Die Pflaumen waschen, in Stücke schneiden, den Stein entfernen.

2. Die Hafermilch in den Mixerbecher geben, die Pflaumen und die Eiswürfel hinzugeben, (wenn ein frisches durstlöschendes Getränk gewünscht wird bzw. wenn die Saison es erlaubt, ansonsten auch ohne Eiswürfel sehr schmackhaft) und solange verarbeiten bis eine glatte und homogene Mischung entsteht.

3. Den Smoothie in ein Glas geben und sofort trinken.

4. *Die Hafermilch kann zuhause zubereitet werden in dem man 100 g Haferflocken, 1 l Wasser, 1 Vanilleschote und 1 Löffel Honig verwendet. Die Haferflocken 1 Stunde im Wasser lassen, dann filtern und die Flüssigkeit 20 Minuten mit der Vanilleschoten kochen. Dann mit Honig mischen.*

Schwierigkeitsgrad:
EINFACH
Zubereitungszeit:
5 Minuten
Kalorien:
96 kcal

Rezepteigenschaften:
Der Pflaumen-Smoothie mit Hafermilch ist ein abführendes, entschlackendes Getränk, reich an Mineralien, Aminosäuren und antioxidative Vitaminen. Sehr abmagernd, entwässernd und reinigend.

*Die **Pflaume** ist entschlackend, ein sehr guter Helfer bei Verstopfung und Bauchbeschwerden. Das enthaltene Kalium neutralisiertes Natrium und wirkt somit gegen Wassereinlagerung in Gewebe. Die Pflaume ist reich an organischen Säuren(Grund für die leicht säuerliche Note des Fruchtfleisches), die die Auswirkung von einer zu eiweißreichen Ernährung ausgleichen.*
*Der **Hafer** ist eine Ressource an wichtigen Ballaststoffen, die die Darmtätigkeit regulieren und die Aufnahme von Cholesterin vermindern. Reich an essenzielle Aminosäuren, wie zum Beispiel Lysin, die in anderen Cerealien nur in begrenzter Menge verfügbar sind.*

1 Person

50 ml Kirschsirup
100 ml Reismilch
5 Eiswürfel
10 eingelegte Kirschen
1 Holzspieß

KIRSCHSIRUP-SMOOTHIE MIT REISMILCH

1. Um einen Sirup ohne zusätzlichen Zucker herzustellen braucht man reifes entsteintes Obst, das man bei geringer Hitze so lange kocht bis ein weiches Püree entstanden ist. Wenn der Sirup abgekühlt ist muss er gemixt und gefiltert werden. Dann kann er verwendet werden.
2. Kirschsirup in den Mixerbecher geben, Reismilch und Eiswürfel hinzufügen.
3. Ein Holzspieß mit den eingelegten Kirschen vorbereiten. Die Zutaten solange mixen, bis ein homogenes Getränk entsteht.
4. In ein Glas geben und den Holzspieß dazugeben.
5. Der Smoothie ist verzehrfertig oder kann im Kühlschrank aufbewahrt werden.

Schwierigkeitsgrad:
EINFACH
Zubereitungszeit:
5 Minuten
Kalorien:
140 kcal

Rezepteigenschaften:
Der Kirschsirup-Smoothie mit Reismilch ist reinigend, leicht abführend und reich an antioxidativen Substanzen. Um dieses Getränk zuzubereiten ist es notwendig, dass der Sirup selbst hergestellt wird oder von einem bekannten Hersteller stammt, um zu vermeiden dass man unnötige und schädliche Zusatzstoffe und Konservierungsstoffe zu sich nimmt.

*Die **Kirsche** ist entwässernd und leicht abführend, sowie reinigend und hat positive Auswirkungen auf die Leber. Sie wirkt schmerzlindernd und entzündungshemmend, dank der vielen Anthocyanoside und ist reich an leicht löslichen Ballaststoffen, die ein Sättigungsgefühl bewirken. Außerdem enthält sie Melatonin, eine wichtige Substanz für die Gesundheit des Herzens und zur Bekämpfung von Schlaflosigkeit.*
*Die **Reismilch** bietet viele antioxidative ungesättigte Fettsäuren, Mineralien und ist reich an einfachem Zucker. Sie ist eine wichtige Ressource für Menschen die intensive körperliche Aktivitäten nachgehen, weil sehr energetisch und ein guter Regulator der Darmfunktion, somit geeignet für Menschen mit Reizdarm.*

1 Person

50 g Brombeeren
50 g Himbeeren
100 g Sojajoghurt

Schwierigkeitsgrad: EINFACH
Zubereitungszeit: **10 Minuten**
Kalorien: **100 kcal**

Rezepteigenschaften:
Der Sojajoghurt-Smoothie mit Himbeer-Brombeer-Saft ist ein geeignetes Getränk, um kalte Klimaperioden zu bekämpfen, Energie aufzutanken und die Immunabwehr zu stärken. Es ist ein sehr anregendes Getränk, mit einem sehr angenehmen Geschmack und einer unwiderstehlichen Farbe.

SOJAJOGHURT-SMOOTHIE MIT HIMBEER-BROMBEER-SAFT

1. Die Waldfrüchte putzen, unter fließendem Wasser abwaschen und auf Küchenpapier trocknen lassen.

2. Einige Brombeeren und Himbeeren für die Dekoration beiseitelegen. Die restlichen Früchten entsaften und den Saft in einem Glas auffangen. Diese Vorgehensweise erlaubt es, die vorhandenen kleinen Kerne zu entfernen und somit ein glattes Getränk zu erhalten (wenn man keinen Entsafter nutzt, kann man die Mischung auch mit einem Sieb filtern).

3. 2/3 des Joghurts zusammen mit dem Saft mixen und in ein Glas geben, ein wenig Flüssigkeit im Mixerbecher belassen, mit dem restlichen Joghurt bedecken, dann den Smoothie weiterverarbeiten.

4. Mit den Brombeeren und Himbeeren dekorieren und diesen wunderbaren Smoothie sofort genießen, der übrigens auch in ein leckeres Sorbet verwandelt werden kann.

*Die **Himbeeren** sind wichtig zur Reinigung des Blutes und der Verdauung.*
*Die **Brombeeren** schützen den Kreislauf. Sie sind reich an Vitamin A, B9, C, Zitronensäure, Tartarsäure und Apfelsäure, alle nützlich bei Abnehmdiäten. Sie enthalten Ballaststoffe und Mineralien wie Kalium, Kupfer, Calcium und Mangan, außerdem viele Antioxidantien wie Flavonoide und Anthocyanoside.*
*Der **Sojajoghurt** ist ein wichtiger Reiniger und Helfer bei Abnehmdiäten.*

SOJAJOGHURT-SMOOTHIE MIT BIRNEN-ANANAS-WALDFRÜCHTE-SAFT

1 Person

100 g Birne
100 g Sojajoghurt
50 g gemischte Waldfrüchte
100 g Ananas
Holzspieße

Schwierigkeitsgrad:
EINFACH
Zubereitungszeit:
15 Minuten
Kalorien:
170 kcal

1. Die Birne schälen, in Stücke schneiden (zwei oder drei Stücke beiseitelegen) und mit dem Joghurt mixen.
2. Die Waldfrüchte putzen, vorsichtig waschen und auf Küchenpapier trocknen lassen.
3. Die Ananas schälen, in Stücke schneiden, kleine Holzspieße mit Birne und Ananas zubereiten und auf einen Teller legen.
4. Den Smoothie in die Gläser füllen, mit dem Obst garnieren und diese leckere und frische Zwischenmahlzeit sofort genießen.
5. Dieser Smoothie ist perfekt als frisches Frühstück oder kleine Mahlzeit.

*Das **Soja** spielt eine große Rolle bei der Vorbeugung von einigen Tumorarten.*
*Die **Ananas** ist reich an Vitamin A, C, und aus der B Gruppe und enthält auch eine gute Menge an Mineralien vor allem Kalium und Mangan.*
*Die **Brombeeren** und **Himbeeren** sind Waldfrüchte und damit reich an Anthacyanosiden, die gegen degenerative Erkrankungen schützen und außerdem entschlackend und abmagernd wirken.*
*Die **Birne** ist reich an Ballaststoffen und sehr wichtig in der Regulation des Darmtraktes.*

Rezepteigenschaften:
Der Sojajoghurt-Smoothie mit Birnen-Ananas-Waldfrüchte-Saft ist ein sehr schmackhaftes Getränk mit einem intensiven Aroma. Er ist sehr hydrierend und begünstigt die Immunabwehr sowie die Abwehr von Erkältungserkrankungen.

2 Personen

200 g Erdbeeren
2 reife Feigen
200 g Sojajoghurt
20 g Haselnüsse geröstet und gehackt (oder Haselnussmehl)

SOJAJOGHURT-SMOOTHIE MIT ERDBEERSIRUP UND GEHACKTEN HASELNÜSSEN

1. Die Erdbeeren putzen, unter fließendes Wasser waschen, den Stiel entfernen und zwei für die Dekoration beiseitelegen.

2. Die Erdbeeren in Stücke schneiden und in einen Topf geben. Die Feigen schälen und zu den Erdbeeren geben. Die Früchte kochen bis sie sich aufgelöst haben und das Volumen reduziert haben. Abkühlen lassen und filtern.

3. Erneut aufkochen um das Ganze um den Sirup wieder um die Hälfte zu reduzieren (so erhält man einen Sirup ohne Zugabe von Zucker).

4. Vor dem Servieren, die Hälfte des abgekühlten Sirups, den Joghurt, und die Hälfte der Nüsse mixen. In die Gläser füllen, mit dem Sirup ergänzen, die restlichen Nüsse hinzugeben und mit den Erdbeeren dekorieren.

5. Dieser Smoothie ist ein leckerer Snack oder ein tolles Dessert und kann im Vorwege zubereitet werden oder in ein Eis verwandelt werden.

Schwierigkeitsgrad:
MITTEL
Zubereitungszeit:
40 Minuten
Kalorien:
170 kcal pro Person

Rezepteigenschaften:
Der Sojajoghurt-Smoothie mit Erdbeersirup und gehackten Haselnüssen ist ein sehr sättigen des Getränk, geeignet für Abnehmdiäten, reich an aktiven Prinzipien, Mineralien und Vitaminen und es hilfreich bei der Vorbeugung von Infektionskrankheiten sowie degenerativen Erkrankungen.

*Die **Erdbeere** begünstigt die Verdauung, reguliert den Cholesteringehalt im Blut und bekämpft Mundgeruch.*
*Das **Soja** ist die Pflanze mit dem meisten Gehalt an Proteinen.*
*Die **Haselnuss** ist reich an ungesättigten Omega 3 Fettsäuren, wenn auch weniger als in der Walnuss. Sie enthält Phytosterole, die für eine korrekte Herzfunktion und Kreislauffunktion wichtig sind und ist nach der Mandel die Trockenfrucht mit dem meisten Gehalt an antioxidativen Vitamin (Vitamin E). Ein regelmäßiger Konsum an Haselnüssen begünstigt die Verminderung von LDL (schlechtes Cholesterin) und von Triglyceriden im Blut.*

2 Personen

4 frische holländische Chilischoten (mild)
4 kleine Chilischoten frisch oder getrocknet (mittelscharf)
200 ml Sojamilch
Salz (fakultativ)

Schwierigkeitsgrad:
EINFACH
Zubereitungszeit:
5 Minuten
Kalorien:
65 kcal pro Person

SCHARFER SMOOTHIE MIT CHILISCHOTEN UND SOJAMILCH

1. Die holländische Chilischoten waschen, Stiel entfernen, die Kerne und die weißen Teile entfernen, dann in Stücke schneiden und in den Mixerbecher geben. Die anderen werden zur Dekoration des Smoothies benötigt.
2. Die Sojamilch hinzugeben und wenn gewünscht eine Prise Salz.
3. Für einige Sekunden mixen solange bis die Zutaten sich zu einem angenehmen pastellfarbenen Getränk vermischt haben.
4. In die Gläser gießen, mit den restlichen Chilischoten dekorieren und für Menschen die den scharfen Geschmack mögen die restlichen Chilischoten zerbröseln und servieren.
5. Dieser Smoothie ist ein Geschmackserlebnis, anregend und ein optimaler Aperitif. Er kann auch einige Stunden vor dem Verzehr im Kühlschrank lagern.

Rezepteigenschaften:
Der scharfer Smoothie mit Chilischoten und Sojamilch ist ein sehr anregendes Getränk und geeignet für die Sommermonate. Abmagernd, begünstigt die gute Funktion des Stoffwechsels und liefert eine Vielfalt an Aminosäuren und Antioxidantien, die vor Darminfektionen schützen.

Das ***Soja*** *enthält viele essenzielle Aminosäuren. Sie ist außerdem eines der wenigen Proteinquellen die in der Lage sind die Menge an guten Cholesterin (HDL) zu erhöhen, der einen schützenden Effekt auf die Arterien hat.*
Die ***Chilischote*** *enthält antioxidative Bio-Flavonoide, sehr viel Vitamin C und Capsaicin, eine wichtige Substanz im Kampf gegen Prostatakrebs. Die Chilischote verbessert zudem die Verdauung und Kreislaufaktivität.*

2 Personen

4 Kaktusfeigen
200 ml Mandelmilch
6 Mandeln

Schwierigkeitsgrad:
MITTEL
Zubereitungszeit:
10 Minuten
Kalorien:
145 kcal pro Person

KAKTUSFEIGEN-SAFT MIT MANDELMILCH

1. Um Kaktusfeigen zu verarbeiten, ist es angebracht Handschuhe zu tragen, um zu verhindern, dass die reich vorhandenen mikroskopisch kleinen Stacheln in die Haut eindringen. Einen vertikalen Schnitt in die Schale einritzen, die Haut abrollen und zwei Feigen in den Entsafter geben.

2. Die Mandelmilch in den Mixerbecher geben, die Mandeln, den Kaktusfeigen-Saft und die zwei restlichen Feigen hinzugeben. Die Zutaten solange verarbeiten, bis eine glatte Mischung entsteht.

3. Wenn ein Getränk ohne Feigensamen gewünscht wird, das Getränk vor dem Verzehr mit einem Sieb filtern.

4. In ein Glas füllen und sofort trinken.

*Die **Kaktusfeige** enthält sehr viel Wasser, viel Glukose, Fructose, Pektine, enthält viele Mineralien, vor allem Kalium, Phosphor, Calcium, Magnesium und Vitamin C. Sie hat abführende Eigenschaften, sein Verzehr wird jedoch nicht für Diabetiker empfohlen. Die verschiedenen Mengen an antioxidativen Anthocyanen, bestimmen die Farbe der Kaktusfeige die aufgrund seiner verschiedenen Farbnuancen bekannt ist: Grün, Orange, Gelb, Rot.*
*Die **Mandelmilch** enthält Vitamin E, Ballaststoffe, Mineralien wie Calcium, Magnesium, Selen, Eisen, Mangan, Kalium und Phosphor sowie ungesättigte Fettsäuren, vor allem Ölsäure. Kann bei Abnehmdiäten verwendet werden, da sehr sättigend. Sie hat durstlöschende, antidepressive und antiphlogistische Eigenschaften.*

Rezepteigenschaften:
Der Kaktusfeigen-Saft mit Mandelmilch ist energetisierend, geeignet um Erkrankungen der kalten Jahreszeit zu bekämpfen, reich an wichtigen Substanzen für die Bekämpfung von Alterserkrankungen und zur Bekämpfung von freien Radikalen.

SÄFTE, EMULSIONEN UND SMOOTHIES MIT TIERISCHEN PROTEINEN

EIN SCHREIN VOLLER GESCHMACKSVIELFALT

von Cinzia Trenchi

Es stimmt, dass Fruchtsmoothies und -Getränke traditionell mit Kuhmilch zubereitet werden. Wir erinnern uns bestimmt an die cremigen Getränke aus Obst, appetitlich duftend und einladend, die für wahre Genussmomente sorgen: ein Traum für den Gaumen, der zum Trinken mit einem Strohhalm, in großen Schlucken oder zum Auslöffeln einlädt. In diesem Abschnitt, der den traditionellen Mischungen mit Milch, Ricotta und Joghurt gewidmet ist, werden einladende Kreationen vorgeschlagen, bei denen sich Gemüse (z. B. Gurken) und Gewürze mit Joghurt, Milch mit Datteln oder Ricotta mit Trockenobst vereinen. Natürlich sollte man diese Zubereitungen sorgfältig in Diäten integrieren, da sie kalorienhaltiger sind als die Zubereitungen der vorigen Kapitel. Die Mischungen mit tierischen Proteinen sind vor allem für Kinder geeignet oder wenn man wenig Zeit hat, aber einen Energieschub benötigt, wie zum Beispiel vor sportlichen Aktivitäten oder vor einem Schul- oder Arbeitstag. Bei der Auswahl zwischen süß und salzig zählt nur die persönliche Vorliebe. Bei Kindern ist es natürlich besser, auf Obst zurückzugreifen, aber für einen erwachsenen Gaumen gibt es verschiedene Kombinationen – wie zum Beispiel aus Eiern und Spinat oder aus Joghurt, Gurken und Gewürzen – die extrem lecker sind und helfen, die Monotonie zu durchbrechen. Diese Getränke sind auch ideal, um den Appetit zu zügeln und wieder zu Kräften zu kommen, ohne jedoch die eigene gesunde Diät zu beeinträchtigen. Außerdem sind sie einfach und schnell in der Zubereitung: ein konzentrierter Geschmack, der durch exotische Vanilleschoten, geröstete Samen und Trockenobst unterstrichen wird, wobei sich die vielen Aromen hervorragend vermischen lassen und sich gegenseitig hervorheben. Einige Zubereitungen dieses Kapitels, wie zum Beispiel die auf Basis von Trockenobst und Gewürzen, kann im Kühlschrank aufbewahrt werden, ohne dass der Geschmack beeinträchtigt wird. Dasselbe gilt für die Vanillemilch, die – sobald sie mit Vanilleschoten gekocht und gefiltert wurde – einige Tage im Kühlschrank verbleiben kann.

ENERGETISCHE KOMBINATIONEN

von Maurizio Cusani

Die tierischen Proteine, die in Kuhmilch, Joghurt und Eigelb enthalten sind, gehören zu den energetischsten und sättigendsten Proteinen überhaupt. Es ist also kein Zufall, dass es Abnehmdiäten gibt, die auf einzelne Proteine setzen wie zum Beispiel Eier, Milch und Joghurt, da diese durch die Freigabe der Substanz Cholecystokinin sehr zuckerarm und appetithemmend sind.

Diese tierischen Proteine geben viel Kraft und sind empfehlenswert in allen Erholungs- und Genesungsphasen. Außerdem enthalten sie weniger azoische Substanzen wie man sie zum Beispiel bei weißem und rotem Fleisch vorfindet und versorgen den Körper mit hochwertigen Proteinen, reich an allen essenziellen Aminosäuren. Sie sind zudem in der Lage, beschädigtes Gewebe schnell zu reparieren. Außerdem überlasten sie die Bauchspeicheldrüse nicht, indem sie den Zuckerstoffwechsel verändern, und können sich daher auch für Diabetiker eignen. Es sind schlussendlich leicht verdauliche Proteine im Vergleich zu Fleisch, die sehr nützliche Nährstoffzusammensetzungen aufweisen und einen stabilen Gesundheitszustand fördern, vor allem in Kombination mit Obst und Gemüse. Sie enthalten außerdem ungesättigte Fettsäuren sowie Lecithine, die die Arterien sauber halten und bieten eine große Menge an Mineralien und Vitaminen, vor allem der Gruppe B.

So sind also auch die tierischen Proteine, in Kombination mit den pflanzlichen, in der Lage, uns beim Abnehmen zu helfen und uns in jeder Jahreszeit und in jedem Alter gesund zu halten. Und, was wir nicht vergessen dürfen, sie sind ein wahrer Leckerbissen und bieten eine große Geschmacksvielfalt.

1 Person

20 g geröstete und gesalzene Pistazien
50 g Ricotta
100 g fettarme Milch
frisch gemahlener Pfeffer

PISTAZIEN-EMULSION MIT RICOTTA UND MILCH

1. Pistazien schälen, mit dem Ricotta in den Mixerbecher geben, nach Bedarf mit Pfeffer würzen und Milch hinzugeben.

2. Die Zutaten solange mixen, bis eine cremige, weiche und glatte Mischung entsteht.

3. In ein Glas oder in eine Schüssel geben und die Mischung mit frischem Gemüse oder mit Zutaten nach Ihrer Wahl genießen.

4. Diese Emulsion ist eine exzellente Zwischenmahlzeit. Sie ist reich an Geschmack, appetitlich und eignet sich bestens als Vorspeise oder Aperitif!

Schwierigkeitsgrad:
EINFACH
Zubereitungszeit:
7 Minuten
Kalorien:
170 kcal

Rezepteigenschaften:
Der Pistazien-Emulsion mit Ricotta und Milch ist ein energetisches, sättigendes Getränk, wirkt hydrierend und abmagernd. Er ist geeignet zur Vorbeugung von Stoffwechseldisfunktionen und Alterserscheinungen, vor allem in Bezug auf den Kreislauf.

*Der **Ricotta** hemmt die Entwicklung von Diabetes und wenn er bei einer hypokalorischen Diät verwendet wird, trägt er zur Reduzierung von Fettleibigkeit bei. Die **Pistazie** wirkt entzündungshemmend und ist in der Lage, schlechtes Cholesterin (LDL), das die Arterien beschädigt, zu vermindern. Sie enthält Polyphenole mit antioxidativen Eigenschaften, Vitamin A, Eisen und Phosphor und ist daher als Stärkungsmittel für das Nervensystem bekannt. Ihre Isoflavonen können dazu beitragen, das Immunsystem zu stärken. Wenn sie nicht gewürzt ist, wirkt sie auch blutdrucksenkend und verdauungsfördernd.*
*Die **Milch** ist ein guter Regulator für die Darmfunktion aber weniger geeignet bei Problemen mit dem Reizdarm oder bei Koliken.*

2 Personen

50 g Schaf-Ricotta
2 dl fettarme Kuhmilch
50 g entsteinte Trockendatteln
10 Eiswürfel (fakultativ)

SMOOTHIE MIT DATTELN, RICOTTA UND MILCH

Schwierigkeitsgrad:
EINFACH
Zubereitungszeit:
5 Minuten
Kalorien:
130 kcal pro Person

1. Ricotta, Milch und Datteln in den Mixer geben.
2. Alle Zutaten solange mixen, bis eine weiche und cremige Mischung entsteht, die dazu neigen wird, sich zu trennen; die Datteln auf der Oberfläche und der flüssige Teil unten. Der Smoothie kann einige Stunden im Kühlschrank aufbewahrt werden, aber nur wenn er ohne Eiswürfel zubereitet wird.
3. Wunderbar durstlöschendes Getränk, wenn es mit Eis verdünnt wird. Er ist energetisch und wohltuend, wobei die Cremigkeit und die natürliche Süße der Datteln geschmacksgebend sind.

Rezepteigenschaften:
Der Smoothie mit Datteln, Ricotta und Milch ist sehr sättigend, reich an hochwertigen Proteinen und trägt zum Schutz der Verdauungsorgane bei. Sehr energetisch, ist er für Personen geeignet, die nach einer großen körperlichen und psychischen Anstrengung schnell Energie tanken möchten.

Die ***Dattel*** *ist reich an Eisen, Magnesium und Kalium sowie an Vitamin C und Vitaminen der Gruppe B, Ballaststoffe und viele Zuckerarten, die sie sehr energetisch machen. Geeignet zur Minderung des „schlechten" (LDL) Cholesterins, jedoch ungeeignet für Diabetiker und sättigend obwohl hyperkalorisch.*
Die ***Milch*** *schützt den Dickdarm vor Tumorrisiken, hydriert den Körper aufgrund ihres hohen Wassergehalts und hat eine wohltuende Wirkung auf die Konzentrationsfähigkeit.*
Da ***Ricotta*** *ein Milchprodukt ist, enthält er weniger Cholesterin und Fette als andere Käsesorten.*

2 Personen

2 dl fettarme Kuhmilch
1 gelber Pfirsich
50 g Cantaloupe-Melone in Stücke
50 g Erdbeeren
50 g Brombeeren

Schwierigkeitsgrad:
EINFACH
Zubereitungszeit:
12 Minuten
Kalorien:
80 kcal pro Person

SMOOTHIE MIT PFIRSICH, ERDBEEREN, MELONE, BROMBEEREN UND MILCH

1. Pfirsich schälen, Stein entfernen, in Stücke schneiden und in eine Schüssel geben. Die Erdbeeren unter laufendem Wasser waschen, den Stiel entfernen, halbieren oder vierteln und zum Pfirsich geben.

2. Die Brombeeren vorsichtig unter laufendem Wasser abspülen und zusammen mit der Melone zum Pfirsich geben.

3. Die Mischung in den Mixerbecher geben, die Milch hinzufügen und solange verarbeiten, bis eine homogene Mischung entsteht.

4. Es ist ein optimales, leichtes Frühstück. Man kann den Smoothie noch fruchtiger gestalten, indem man während der Zubereitung Eiswürfel hinzufügt.

*Die **Erdbeere** ist das Lebensmittel par excellence, wenn es um Abnehmdiäten geht.*
*Der **Pfirsich** enthält Kalium, Eisen, Calcium, Phosphor, Natrium und Ballaststoffe. Reich an Vitamin A, aber vor allem an Vitamin C, E und K. Eine sehr nützliche Frucht für das Wohlbefinden der Haut und bei Problemen im Verdauungstrakt.*
*Die **Cantaloupe-Melone** ist reich an Wasser und wirkt leicht abführend. Sie ist hydrierend, erfrischend und reich an Eisen, Calcium, Phosphor, Kalium, Ballaststoffen und Vitaminen (A, C, Gruppe B).*
*Die **Milch** ist das vollwertigste Nahrungsmittel für das Wachstum der Kinder. Sie enthält große Mengen an Calcium, Phosphor, Kalium und Magnesium.*

Rezepteigenschaften:
Der Smoothie mit Pfirsich, Erdbeeren, Melone, Brombeeren und Milch ist ein Getränk mit einer reinigenden und entschlackenden Wirkung, hat einen sehr leckeren Geschmack, ist energetisch und sehr sättigend. Reguliert den Verdauungsapparat und wird auch für Kinder empfohlen.

2 Personen

1 Kokosnuss
50 g Magerjoghurt
1 Banane

Schwierigkeitsgrad:
HOCH
Zubereitungszeit:
15 Minuten
Kalorien:
160 kcal pro Person

SMOOTHIE MIT BANANEN, KOKOSMILCH UND JOGHURT

1. Mit einem spitzen Gegenstand die weiche Basis der Kokosnuss durchstechen und die Milch in ein Glas gießen.
2. Die Schale mit einem harten Gegenstand öffnen. Beim Öffnen der Kokosnuss achtgeben, die zwei Hälften heil zu belassen, um sie wie Schalen verwenden zu können.
3. Den Joghurt mit der Banane, der Kokosmilch und einem Löffel voll Kokosfruchtfleisch mixen. Die Zutaten solange verarbeiten, bis eine glatte Mischung entsteht.
4. In Gläser oder Schalen füllen und sofort trinken.

*Die **Banane** hat eine antidepressive Wirkung und ist reich an Kohlenhydraten und Mineralien (Kalium, Magnesium), die äußerst wichtig für Sportler sind.*
*Der **Joghurt** (der Begriff stammt aus dem Türkischen) ist ein sehr antikes Nahrungsmittel. Nahrhaft, entschlackend, hypokalorisch, verdaulich und reinigend, ist er hervorragend für ältere Menschen, Kinder und schwangere Frauen.*
*Die **Kokosmilch** ist ein wertvolles Ergänzungsmittel, reinigend, stärkt das Immunsystem und bekämpft Bluthochdruck sowie Stress und Cellulite. Sie ist sehr sättigend, enthält Vitamine und zahlreiche Mineralien, vor allem Kalium ist in großen Mengen vorhanden.*

Rezepteigenschaften:
Der Smoothie mit Bananen, Kokosmilch und Joghurt ist ein optimales Getränk, um eine vollständige Mahlzeit zu ersetzen. Als äußerst nützlicher Helfer in Diäten ist er sehr sättigend und energetisch.

1 Person

1 Sellerieherz
100 g gebackene rote Beete
100 g Magerjoghurt

1 Teelöffel Zitronensaft, Salz und 1 Prise Chili
2 Holzspieße

SMOOTHIE MIT ROTE BETE, JOGHURT UND SELLERIE

1. Sellerie putzen und waschen, zwei Stiele in Stücke schneiden und in den Mixerbecher geben.
2. Die äußere Schale der roten Bete entfernen (wenn vorhanden) und 2/3 des Fruchtfleisches in Stücken in den Mixerbecher geben (den restlichen Teil für die Zubereitung der Holzspieße verwenden, die dann in den Smoothie kommen).
3. Zwei Holzspieße mit 1 oder 2 Stücken Sellerie und der restlichen Bete zubereiten.
4. Alle Zutaten im Mixer mit Salz, Chili und Zitronensaft würzen und Joghurt dazugeben.
5. Alles so lange mixen, bis eine cremige und homogene Mischung entsteht. In ein Glas geben und mit Sellerieherzen und den Spießen genießen.
6. Eine optimale Zwischenmahlzeit und Appetitzügler, aber auch als Vorspeise gut geeignet, da er kalorienarm aber reich an Geschmack ist!

Schwierigkeitsgrad:
EINFACH
Zubereitungszeit:
10 Minuten
Kalorien:
71 kcal

Rezepteigenschaften:
Der Smoothie mit Rote Bete, Joghurt und Sellerie ist ein reinigendes und sättigendes Getränk, das viele nützliche Eigenschaften für die Vorbeugung von Alterserkrankungen des Nervensystems und Immunsystems bietet.

*Die **rote Bete** ist ein ideales Nahrungsmittel für Menschen, die an Anämie und Kraftlosigkeit leiden, weil sie die Produktion von roten Blutkörperchen anregt. Sie ist leberschützend, verbessert athletische Leistungen und reguliert den arteriellen Blutdruck.*
*Die **Glutaminsäure**, die sie enthält, fördert die Funktionen des Nervensystems.*
*Der **Joghurt** hat einen säuerlichen Geschmack aufgrund der vorhandenen Milchsäurebakterien, die Laktose in Milchsäure verwandeln, was die Milch leicht verdaulich macht und daher auch für Menschen geeignet ist, denen das Enzym Laktase fehlt.*
*Die **Sellerie** hat einen reinigenden Effekt, wirkt dank der Asparaginsäure entwässernd und ist ein natürliches Aufputschmittel.*

1 Person

1 Gurke
100 g Joghurt (griechischer Art)

1 Teelöffel gemahlene Gewürze wie Kurkuma, Pfeffer, Chili, Kümmel, Koriander
Salz (fakultativ)

GURKEN-JOGHURT-SMOOTHIE MIT GEWÜRZEN UND SALZ

1. Die Gurke schälen und in Stücke schneiden, dann zusammen mit zwei Löffel Joghurt in den Mixerbecher geben. Wenn die Gurke sehr reif ist, kann man diese auch ohne Joghurt verarbeiten, da sie sehr wasserhaltig ist.
2. Den Smoothie in eine Schüssel geben, den restlichen Joghurt hinzugeben und mit einem Rührbesen verarbeiten, bis ein homogenes Getränk entsteht.
3. Die Flüssigkeit in ein Glas geben, mit den Gewürzen garnieren und wenn gewünscht mit Salz würzen.
4. Diese Zubereitung ist sehr schmackhaft und eignet sich als sommerliche Frische und leichte Zwischenmahlzeit und ist auch perfekt, um Gemüse in kleinen Stücken einzutunken.

Schwierigkeitsgrad:
EINFACH
Zubereitungszeit:
5 Minuten
Kalorien:
94 kcal

Rezepteigenschaften:
Der Gurken-Joghurt-Smoothie mit Gewürzen und Salz ist ein sättigendes Getränk mit einem ungewöhnlichen jedoch angenehmen Geschmack, der in der Lage ist, die Stoffwechselfunktionen zu begünstigen und ist daher auch für Schlankheits- und entwässernde Kuren geeignet.

Die ***Gurke*** *enthält eine große Menge Wasser (ca. 90 %) und Tartarsäure, die sehr nützlich ist, wenn man abnehmen möchte. Dieses Gemüse hilft, Wasseransammlungen zu reduzieren, Augenlid-Ödeme (indem die frische Gurke auf die Augen aufgetragen wird) sowie Cellulite und Schwangerschaftsstreifen zu bekämpfen. Sie vermindert die Symptome von Fibromyalgie und chronischen Erschöpfungszuständen.*
Der ***Kurkuma*** *ist reich an einer besonders wirksamen Art von Antioxidans: Kurkumin.*
Die ***Chili*** *ist ein natürliches Schlankheitsmittel, weil er direkt auf das zentrale Nervensystem einwirkt, indem er das Hungergefühl mindert, den Stoffwechsel aktiviert und Fette verbrennt sowie eine Regulierung des Zuckerstoffwechsels herbeiführt. Er hat außerdem schmerzlindernde und entzündungshemmende Eigenschaften.*
Der ***Joghurt*** *enthält viele Vitamine der Gruppe B und ist viel bekömmlicher als Milch.*

2 Personen

3 dl Kuhmilch
100 g Ananas
1 Limette
2 Passionsfrüchte
1 Löffel Kokosfleisch
1 Vanilleschote

VANILLEMILCH-SMOOTHIE MIT TROPISCHEN FRÜCHTEN

1. Zuerst die Vanillemilch zubereiten, indem man die Milch mit der Vanilleschote für ca. 5 Minuten kocht und dann mit einem Sieb filtert und abkühlen lässt. Die aromatisierte Milch hält sich ein paar Tage im Kühlschrank.
2. Das Obst waschen, die Ananas schälen, die Limette auspressen, die Passionsfrüchte öffnen und das Fruchtfleisch entnehmen.
3. Das ganze Obst in Stücke schneiden und in den Mixerbecher geben, den Limettensaft und die Milch hinzufügen und so lange mixen, bis eine homogene Mischung entsteht.
4. In Gläser füllen und sofort trinken, um die Aromen und den facettenreichen Geschmack zu genießen.

Schwierigkeitsgrad:
MITTEL
Zubereitungszeit:
15 Minuten
Kalorien:
160 kcal pro Person

Rezepteigenschaften:
Der Vanillemilch-Smoothie mit tropischen Früchten ist reich an Vitaminen, Mineralien und Antioxidantien und hat einen sehr angenehmen Geschmack und Duft. Er ist ein guter Anreger für das Nervensystem und beugt Alterserkrankungen vor.

*Die **Kokosnuss** bekämpft Aerophagie, aktiviert das Immunsystem und begünstigt den Knochenaufbau. Sie regt das zentrale Nervensystem an und erhöht die Aufmerksamkeit. Im Inneren der Kokosnuss finden wir perfekt geeignetes Trinkwasser (die Kokosnuss besteht zu 50 % aus Wasser).*
*Die **Passionsfrucht** eignet sich bei Gastritis, Kolitis und Wasseransammlungen und wirkt entzündungshemmend.*
*Die **Vanille** hat antidepressive Eigenschaften und ein unwiderstehliches Aroma.*
*Die **Ananas** kann wirkungsvoll zur Bekämpfung von Ödemen, Cellulite, muskulären Traumata und venöser Insuffizienz angewandt werden.*

2 Personen

200 g Cantaloupe-Melone
1 Orange
100 g Magerjoghurt

SMOOTHIE MIT CANTALOUPE-MELONE, ORANGENSAFT UND JOGHURT

1. Melone waschen, schälen, die fadenförmigen Bestandteile entfernen und in Stücke schneiden.

2. Eine Orange auspressen und den Saft in den Mixerbecher geben. Den Joghurt und die Melone hinzugeben und mixen, bis eine homogene Mischung entsteht.

3. In die Gläser geben und sofort trinken, um den vollen Geschmack zu genießen.

4. Durstlöschend und schmackhaft, das sind die Empfindungen, die dieses überraschende Getränk bietet, das man sowohl zum Frühstück als auch als Zwischenmahlzeit zu sich nehmen kann. Wenn das Getränk noch erfrischender sein soll und wenn es die Jahreszeit zulässt, kann man Eiswürfel hinzugeben.

Schwierigkeitsgrad:
EINFACH
Zubereitungszeit:
10 Minuten
Kalorien:
133 kcal pro Person

Rezepteigenschaften:
Der Smoothie mit Cantaloupe-Melone, Orangensaft und Joghurt ist ein sehr ausgeglichenes Getränk mit antioxidativen und schützenden Eigenschaften, wirkt sättigend und ist für alle Diäten geeignet. Er regt außerdem die Aufmerksamkeit an und wirkt unterstützend auf die Gehirnaktivität.

*Die Cantaloupe-**Melone** ist eine besondere sommerliche Sorte der gelben Melone, mit einer glatten Schale, die von dunkelgrünen Äderchen überzogen ist. Sie hat einen intensiven Duft und ein gelbes, sehr schmackhaftes Fruchtfleisch. Sie ist reich an Vitamin A, daher die orangene Farbe, die vom Betacarotin stammt, eine Substanz die auch in Möhren enthalten ist und die der Körper in Vitamine umwandelt. Da sie hypokalorisch ist, kann man sie in jeder Diät verwenden.*
*Die **Orange** ist geeignet für die Kontrolle des systemischen Blutdrucks und verringert das Risiko von Herzkrankheiten.*
*Der **Joghurt** ist ein gut bekömmliches Nahrungsmittel, das vom Körper in ca. 1 Stunde aufgenommen wird!*

1 Person

1 Orange
50 g grüner Apfel
20 g Cranberries
50 g Schaf-Ricotta

Schwierigkeitsgrad:
EINFACH
Zubereitungszeit:
6 Minuten
Kalorien:
130 kcal

SMOOTHIE MIT RICOTTA, APFEL, ORANGE UND CRANBERRY

1. Eine Orange auspressen, den Saft filtern und diesen in den Mixerbecher geben.

2. Den Apfel schälen, in Stücke schneiden und zum Orangensaft geben, dann auch die Cranberries und den Ricotta beifügen.

3. Alle Zutaten einige Sekunden mixen, bis eine homogene Creme entsteht. Dann in ein Glas füllen und diesen exzellenten Smoothie sofort trinken.

4. Schnell und einfach zubereitet ist er eine leckere Zwischenmahlzeit mit ausgewogenem Geschmack und ist perfekt für ein energetisches und vollwertiges Frühstück.

*Der **Schaf-Ricotta** liefert eine große Menge an hochwertigen Proteinen und Calcium, trägt zur Verbesserung der Knochen bei und wirkt appetithemmend.*
*Der **Apfel** enthält viele Vitamine und Omega3-Fettsäuren und ist geeignet für die Bekämpfung von Asthma-Symptomen.*
*Die **Orange** wirkt unterstützend beim Kräftetanken während Genesungsphasen, nach intensiver körperlicher Aktivität oder bei Erkältungen.*
*Die **Cranberry** ist reich an Mineralien, Vitamin C, fördert den Schutz der Darmflora und stärkt das Immunsystem dank ihrer antioxidativen Substanzen.*

Rezepteigenschaften:
Der Smoothie mit Ricotta, Apfel, Orange und Cranberry ist hydrierend und durstlöschend, Er ist reich an antioxidativen und schützenden Substanzen für den Kreislauf. Er ist sehr sättigend und verbessert das Gleichgewicht des Immunsystems und des Verdauungstraktes, wobei sein Geschmack auch bei Kindern sehr beliebt ist.

2 Personen

200 g junger Spinat
2 Löffel Küchensahne
1 Löffel Zitrone
1 Löffel Extra Natives Olivenöl
2 Eigelbe
Salz und Pfeffer

Schwierigkeitsgrad:
MITTEL
Zubereitungszeit:
10 Minuten
Kalorien:
140 kcal pro Person

SMOOTHIE MIT SPINAT, EIGELB, ZITRONE UND PFEFFER

1. Den Spinat im kalten Wasser mehrmals waschen, um eventuelle Erdrückstände zu entfernen, dann abtropfen.

2. Die Hälfte im Entsafter verarbeiten, den Saft auffangen und in den Mixerbecher geben.

3. Die Sahne, den restlichen Spinat und das Olivenöl hinzugeben. Die Zutaten mixen, bis eine glatte und cremige Mischung entsteht. In zwei kleine Tassen oder Schalen füllen, mit einem Eigelb garnieren und mit etwas Zitronensaft, Salz und Pfeffer würzen.

4. Geeignet für ein energetisches Frühstück, aber auch perfekt als appetitanregende und kalorienarme Vorspeise!

*Die **Zitrone** ist eine ideale Frucht, um Energiekrisen und Zusammenbrüche zu bekämpfen, sowie arthritische, von der Kälte verursachte Schmerzen .*
*Der **Pfeffer** wirkt entwässernd, schlank machend und begünstigt den Stoffwechsel. Es gibt viele Varianten: weißer, grüner, rosa, schwarzer Pfeffer (am gängigsten). Sein Verzehr ist jedoch ungeeignet für Menschen, die an Bluthochdruck und Hämorrhoiden leiden.*
*Der **Spinat** enthält viel Vitamin C und Folsäure. Sein Verzehr ist wichtig für Menschen mit Allergien, für Anämie-Patienten oder für Menschen mit Hauterkrankungen oder endokrinen Erkrankungen.*
*Das **Eigelb** enthält eine große Menge an Vitaminen und Mineralien.*

Rezepteigenschaften:
Der Smoothie mit Spinat, Eigelb, Zitrone und Pfeffer ist sehr sättigend und energetisch und kann mühelos eine komplette Mahlzeit ersetzen. Er regt den Stoffwechsel an, indem er die schädlichen Fette verbrennt, begünstigt die Mikrozirkulation und ist reich an Vitamin C.

2 Personen

100 g Trauben
1 Apfel
1 Birne
100 g Magerjoghurt

SMOOTHIE MIT TRAUBEN, BIRNEN, APFEL UND JOGHURT

1. Die Birne und den Apfel schälen, den Stiel und den Strunk entfernen und in Stücke schneiden. Die Trauben vom Stiel befreien, halbieren und die Kerne entfernen.
2. Alles in den Mixerbecher geben und den Joghurt hinzufügen.
3. Mixen bis eine homogene Mischung entsteht, dann in die Gläser gießen und sofort servieren.
4. Der Smoothie ist ein optimales Frühstück mit einem tollen Geschmack und wirkt durstlöschend. Damit er noch durstlöschender wirkt kann man ihn mit Eiswürfel verdünnen oder in ein Sorbet verwandeln, indem man ihn für 30 Minuten ins Tiefkühlfach stellt.

Schwierigkeitsgrad:
EINFACH
Zubereitungszeit:
12 Minuten
Kalorien:
133 kcal pro Person

Rezepteigenschaften:
Der Smoothie mit Trauben, Apfel, Birne mit Joghurt ist sehr sättigend und eignet sich, um den Verdauungstrakt zu regulieren und vor Erkältungen zu schützen. Er wirkt außerdem entschlackend und ist geeignet für Raucher und für Menschen, die in Städten leben, in denen eine hohe Luftverschmutzung herrscht.

*Die **Traube** ist eine Frucht mit vielen kleinen Beeren, die reich an einfachen, leicht verdaulichen Zuckern ist, wie zum Beispiel Glukose und Fruktose. Sie enthält auch Vitamine der Gruppe B, vor allem B1, B2 und PP sowie Vitamin A, C, Mineralien und antioxidative Substanzen wie Resveratrol.*
*Der **Apfel** scheint vor allem bei Rauchern eine entschlackende Wirkung zu haben.*
*Die **Birne** wirkt zusammen mit den Ballaststoffen des Apfels und verstärkt auch die Wirkung der Pektine.*
*Der **Joghurt** enthält Laktose, die durch die Fermentation in zwei weitere Zuckerarten (Glukose und Galaktose) gespalten wird, die gar keine Unverträglichkeiten hervorrufen.*

2 Personen

4 entsteinte Trockenaprikosen (ca. 40 g)
6 entsteinte Trockenpflaumen (ca. 60 g)
200 g Magerjoghurt
2 Pflaumen und 2 Aprikosen zum Dekorieren

JOGHURT-SMOOTHIE MIT TROCKENAPRIKOSEN UND TROCKENPFLAUMEN

1. Das Trockenobst in Stücke schneiden und zusammen mit dem Joghurt in den Mixerbecher geben, dann verarbeiten, bis eine glatte, homogene und cremige Mischung entsteht.
2. In die Gläser geben, mit Trockenobst garnieren und servieren.
3. Dieser Smoothie einige Stunden im Kühlschrank aufbewahrt werden, ohne dass es an Geschmack verliert. Es kann auch zum Dessert werden, wenn man das Getränk für 30 Minuten in die Eismaschine gibt.

Schwierigkeitsgrad:
EINFACH
Zubereitungszeit:
6 Minuten
Kalorien:
130 kcal pro Person

Rezepteigenschaften:
Der Joghurt-Smoothie mit Trockenaprikosen und Trockenpflaumen stellt eine reichhaltige und sättigende Mahlzeit dar, leicht verdaulich und geeignet für Menschen, die an Verstopfung leiden oder schnelle Energiereserven benötigen, nach intensiver sportlicher Aktivität oder psychophysischem Stress.

*Der **Joghurt** ist durch Milchsäurebakterien verdickte Milch und sehr reich an Calcium. Er ist leicht verdaulich, weil er nur 3 % Laktose enthält und kann daher auch von laktoseintoleranten Menschen verzehrt werden.*
*Die **Pflaume** hat eine abführende Wirkung aufgrund des vorhandenen Difenlisatin. Sie enthält antioxidative, antidegenerative und straffende Substanzen wie Quercetin. Sie regt die Gallensaftproduktion an und begünstigt die Verdauung.*
*Die **Trockenaprikosen** besitzen dieselben Mineralien wie frische Aprikosen und sind reich an Ballaststoffen, die wichtig für eine korrekte Funktion des Verdauungstraktes sind.*

2 Personen

50 g Millefiori-Honig
200 g Schafsjoghurt

1 Prise Zimt
2 Stücke Zimtstangen

JOGHURT-HONIG-SMOOTHIE MIT ZIMT

1. In einer Schüssel 2/3 Honig, Joghurt und Zimt mit einem Rührgerät vermischen und in zwei Tassen füllen.
2. Den restlichen Honig für die Dekoration nutzen, indem man ihn mit einem Teelöffel langsam abtropfen lässt und dann mit einem Stück Zimt garniert.
3. Eine sehr einfache Zubereitung, mit exzellentem Geschmack und köstlichem Aroma, genauso einfach wie schmackhaft. Außerdem ist Honig, wenn in kleinen Mengen verzehrt, ein ideales Lebensmittel mit einem hohen Nährstoffgehalt und nicht ganz so vielen Kalorien: 303 kcal pro 100 g!

Schwierigkeitsgrad:
EINFACH
Zubereitungszeit:
5 Minuten
Kalorien:
135 kcal pro Person

Rezepteigenschaften:
Der Joghurt-Honig-Smoothie mit Zimt ist ein sehr leckeres Getränk, duftend und sättigend, sehr energetisch bei psychophysischem Stress oder in Genesungsphasen. Er ist geeignet für Menschen, die an Verdauungserkrankungen leiden, wirkt verdauungsfördernd und hydrierend.

*Der **Schafsjoghurt** ist sehr bekömmlich und in der Lage, das Immunsystem zu stärken.*
*Der **Honig** ist ein von Bienen vorverdautes Lebensmittel und daher leicht verdaulich und energiereich.*
*Der **Zimt** ist ein Gewürz mit beträchtlichen antioxidativen Eigenschaften und enthält zahlreiche Tannine und Campher. Es wirkt antiseptisch, antibakteriell, krampflindernd und Dank des Trypsins erleichtert es die Verdauung der Blutfette und reguliert den Blutzucker. Es bekämpft außerdem die Gasbildung im Darm und hemmt das Hungergefühl. Kürzliche Untersuchungen lassen zudem eine positive Wirkung auf neurologische Erkrankungen und Demenz vermuten.*

1 Person

1 mittelgroßer Zucchini
2 Löffel Küchensahne
1 Eigelb

1 Teelöffel (ca. 5 g) gemischte Samen: heller und schwarzer Sesam, Kresse
Salz und Pfeffer

ZUCCHINI-SMOOTHIE MIT EIGELB, SESAMSAMEN UND KRESSE

1. Die Samen separat in einer beschichteten Pfanne anrösten, so werden sie bekömmlicher und leckerer.

2. Den Zucchini waschen, die Enden entfernen, in Stücke scheiden und in den Mixer geben.

3. Den Zucchini mit Sahne vermischen und wenn eine homogene und weiche Mischung entstanden ist in eine Schüssel geben, mit Salz und Pfeffer nach Bedarf würzen, das Eigelb hinzugeben und verrühren.

4. Das Ganze in ein Glas geben, mit den gerösteten Samen würzen und diese leckere Zubereitung mit knackiger und cremiger Konsistenz genießen.

Schwierigkeitsgrad:
MITTEL
Zubereitungszeit:
10 Minuten
Kalorien:
156 kcal

Rezepteigenschaften:
Der Zucchini-Smoothie mit Eigelb, Sesam und Kresse ist ein sehr sättigendes Getränk, das eine Mahlzeit ersetzen kann. Er ist reich an Substanzen, die den Körper vor Alterserkrankungen schützen und begünstigt die Verdauungsaktivität und den Kreislauf.

*Die **Zucchini** ist eine leicht verdauliche Gemüsesorte, enthält sehr viel Wasser (94 % seines Gewichtes) und ist hypokalorisch.*
*Das **Eigelb** enthält viel Lecithin, das in der Lage ist, das gute Cholesterin (HDL) anzuregen. Dies ist wichtig für gesunde und elastische Blutgefäße und verbessert den Kreislauf.*
*In der **Kresse** sind viele Mineralien vorhanden, vor allem Eisen und in kleineren Mengen Mangan, Kupfer, Zink, Phosphor, Jod und Calcium. Außerdem enthält sie auch viel Vitamin B2, A, PP und E, aber vor allem C.*
*Die **Sesamsamen** sind reich an Calcium, Zink, Phosphor, Selen, Kalium, Kupfer und Magnesium und der Verzehr ist wichtig zur Unterstützung des Immunsystems oder zur Erholung nach großen körperlichen Anstrengungen oder in Genesungsphasen.*

2 Personen

1 Gurke
1 Zucchini
100 g Magerjoghurt
1 Löffel Zitronensaft
Salz und Pfeffer

ZUCCHINI-GURKEN-JOGHURT-SMOOTHIE

1. Gurke waschen, die Enden entfernen und ein paar dünne Scheiben zur Dekoration beiseitelegen. Den Rest des Gemüses schälen, in Stücke schneiden und in den Mixerbecher geben.
2. Die Zucchini waschen, die Enden entfernen, in Scheiben schneiden und zur Gurke hinzugeben.
3. Den Joghurt hinzugeben, mit Salz und Pfeffer würzen, Zitronensaft hinzufügen und mixen, bis eine glatte und cremige Mischung entsteht.
4. In die Gläser füllen, mit den Gurkenscheiben garnieren und sofort servieren.
5. Dieser Smoothie ist ein erfrischender und extrem fettarmer Snack und kann auch als Dressing für den Salat benutzt werden.

Schwierigkeitsgrad:
EINFACH
Zubereitungszeit:
7 Minuten
Kalorien:
42 kcal pro Person

Rezepteigenschaften:
Der Zucchini-Gurke-Joghurt-Smoothie ist ein sehr hydrierendes und entwässerndes Getränk, ideal für den Verdauungstrakt und den Schutz vor degenerativen Erkrankungen, Gefäßerkrankungen, Tumoren und Augenerkrankungen.

*Die **Zucchini** ist ein Gemüse, das reich an antioxidativen Substanzen wie Xanthin ist, das antidegenerativ wirkende Eigenschaften aufweist.*
*Die **Gurke** ist ein Gemüse mit entwässernden und entschlackenden Eigenschaften. Sie enthält Pflanzenschleim und Phytosterole, die das Cholesterin vermindern und antitumorale Eigenschaften aufweisen.*
*Der **Joghurt** besitzt neben den klassischen Vorzügen der Milchproteine, die wichtig für den Wachstum von Kindern sind, Vitamine der Gruppe B. Die Milchsäure, aus denen er besteht, sind essenziell um den Verdauungsapparat gesund zu halten. Außerdem entfaltet er eine schützende Funktion auf den Verdauungstrakt, vor allem während Antibiotika-Therapien.*

1 Liter Milch

1 Liter Vollmilch

4 Vanilleschoten

VANILLEMILCH

1. Die Vanillemilch ist eine duftende und schmackhafte Basis, die für verschiedene Zubereitungen verwendet werden und auch einige Tage im Kühlschrank aufbewahrt werden kann.
2. Die Vanilleschoten in Stücke schneiden, in die Milch geben und bei geringer Hitze 5 Minuten köcheln lassen.
3. Das Ganze abkühlen lassen, dann die Milch mit einem Sieb filtern.
4. Vanillemilch ist sehr lecker und kann auch einfach so bei Zimmertemperatur getrunken werden, oder kann durch das Beifügen von einigen Eiswürfeln zu einem frischen und durstlöschenden Getränk werden.

Schwierigkeitsgrad:
EINFACH
Zubereitungszeit:
7 Minuten
Kalorien:
63 kcal pro dl

Rezepteigenschaften:
Die Vanillemilch ist sehr energetisch und für das Kräftetanken nach intensiver körperlicher Anstrengung und während Genesungsphasen geeignet. Sie hat ein angenehmes Aroma und verfügt über sättigende Eigenschaften, daher ist ihr Konsum während Abnehmdiäten sehr nützlich.

*Die **Milch** kann für Erwachsene mit Laktasemangel unverdaulich sein. Die Laktase kann aktiv bleiben, wenn man als Kind regelmäßig Milch konsumiert. Die Milch ist reich an Calcium, unterstützt die Zahnbildung und den Knochenbau und kann auch zur Blutdrucksenkung beitragen.*
*Die **Vanille** ist ein süßes Gewürz mit einem intensiven Duft und stammt aus einer Orchideenart mit großen gelben Blumen. Vanillin, die Substanz aus der Vanille, hat antiseptische und verdauungsfördernde Eigenschaften und der Tradition nach auch eine aphrodisierende Wirkung. Kürzlich haben einige Untersuchungen auch eine antidepressive Wirkung belegt.*

1 Person

150 g Erdbeeren
1 Zitrone

100 g Joghurt (griechischer Art)
40 g Schlagsahne

ERDBEER-JOGHURT-SAFT

1. Die Erdbeeren unter laufendem Wasser abspülen, Stiel entfernen und die Hälfte in den Entsafter geben.

2. Die restlichen Erdbeeren auf Küchenpapier trocknen lassen und dann in eine Schüssel geben.

3. Die Zitrone auspressen und den Saft mit einem Sieb filtern.

4. Mit einem Pürierstab oder einem Rührgerät Joghurt, Sahne, Zitronen- und Erdbeersaft vermischen. Die Zutaten solange verarbeiten, bis eine glatte homogene Mischung entsteht. Diese in eine Schüssel geben und mit den restlichen Erdbeeren garnieren.

5. Perfekt für einen besonderen Anlass; dieses Getränk ist reich an Geschmack, ziemlich kalorienreich (im Vergleich mit anderen Frucht- und Proteinzubereitungen) und kann bestens als Dessert-Ersatz dienen.

Schwierigkeitsgrad:
MITTEL
Zubereitungszeit:
10 Minuten
Kalorien:
245 kcal

Rezepteigenschaften:
Der Erdbeer-Joghurt-Saft hat einen leckeren Duft und einen tollen Geschmack. Er ist reich an Proteinen und Antioxidantien und hat ein großes Sättigungspotenzial. Neben der schützenden Wirkung auf den Darm, regt auch das Nerven- und Immunsystem an. Ein optimales Getränk für Kinder und Jugendliche.

*Die **Erdbeere** trägt zum Schutz der Gewebealterung bei, ist reinigend und entwässernd und wirkt gegen Cellulite. Sie fördert die Fettverbrennung, hilft beim Abnehmen und schützt die Zähne vor Karies und Pyorrhoe. Diese Frucht enthält diverse Substanzen, die das zentrale Nervensystem ins Gleichgewicht bringen und dank der Folsäure hilft sie dabei, das Gedächtnis jung zu halten. Aufgrund der „Rekordmenge" an antioxidativen und gesunden Eigenschaften wurde die Erdbeere zur Liste der „Supernahrungsmittel" hinzugefügt.*
*Der **Joghurt** trägt aktiv zum Wachstum der Kinder bei, aufgrund der Milchproteine und des Zinkgehaltes, eines der wichtigsten Mineralien, um das Gleichgewicht der Haut zu fördern.*

AUTOREN DER TEXTE

Maurizio Cusani wurde in Como geboren und arbeitet als Arzt in Mailand. Seit einigen Jahren hat er seine Leidenschaft für Ernährung und deren Auswirkungen auf die Gesundheit entdeckt und um diese zu vertiefen hat er Sufismus und antike Bräuche studiert, an denen er immer besonders interessiert war, auch als neugieriger Reisender. Er lehrt Enneagramme und Symbolik des menschlichen Körpers in Heilpraktiker-Kursen und bei Psychosomatik-Master Studiengängen für Ärzte und Psychologen des Riza Instituts. Er hat zahlreiche Monografien und Texte über Themen wie medizinisch wirksame Nahrungsmittel, Symbolismus, Sufismus, antike Bräuche, Psychosomatik sowie Wohlbefinden im Allgemeinen geschrieben. Für den White Star Verlag ist er Koautor von Cinzia Trenchi von: *Glutenfrei und lecker!* und *Fettarm und lecker!*

Cinzia Trenchi, Heilpraktikerin, Journalistin und freiberufliche Fotografin, hat sich auf Ernährung und önogastronomische Ziele spezialisiert und wirkt bei der Ausarbeitung zahlreicher Kochbücher mit, die bei italienischen und ausländischen Verlagen erscheinen. Sie ist eine passionierte Köchin und arbeitet außerdem seit Jahren mit verschiedenen italienischen Zeitschriften zusammen, in denen sie Speisen aus der regionalen, traditionellen, makrobiotischen und natürlichen Küche neu aufgreift, für die sie Texte und Fotos zur Verfügung stellt und selbst kreierte Speisen vorstellt. Ihre Kochbücher enthalten originelle und kreative Diäten, bei denen verschiedene Aromen und ungewöhnliche Kombinationen zusammengeführt werden, die neue Zubereitungen im Zeichen des Geschmacks ermöglichen, ohne dabei die Nährwerte aus den Augen zu verlieren, um so eine größere Ausgewogenheit bei Tisch und somit eine Verbesserung des Wohlbefindens zu erreichen. Sie lebt im Piemont, in Monferrato, in einem Haus mitten im Grünen. Mit den Blumen aus ihrem Garten, den aromatischen Kräutern und dem selbst angebauten Gemüse bereitet sie Saucen und originelle Dressings, sowie Dekorationen für ihre Speisen zu und lässt sich dabei von dem Rhythmus der Jahreszeiten und von Ihrem Wissen über die Früchte unserer Erde anleiten. Für den White Star Verlag hat sie folgende Bücher veröffentlicht: *Glutenfrei und lecker!, Fettarm und lecker!, Chili pepper Scharfe Leidenschaft* und *Meine Familienrezepte*.

REGISTER

Amarenasirup, 152

Alle Fotografien stammen von **Cinzia Trenchi**, mit folgenden Ausnahmen:
S. 1 **haveseen/123RF**
S. 2-3 **saschanti17/Shutterstock**
S. 4-3 **tanjichica/Shutterstock**
Zeichnungen Gemüse und Obst **Siarhei Pleshakov/123RF**
Zeichnungen biologische Nahrungsmittel **Samtoon/123RF**

REDAKTIONELLE LEITUNG
VALERIA MANFERTO DE FABIANIS

GRAFISCHE GESTALTUNG
PAOLA PIACCO

WHITE STAR VERLAG

WS White Star Verlag®
ist eine eingetragene Marke von De Agostini Libri S.p.A.

Via G. da Verrazano, 15 - 28100 Novara, Italien
www.whitestar.it - www.deagostini.it

Übersetzung, Redaktion Deutschland und Satz:
TperTradurre s.r.l.

ISBN 978-88-6312-243-5
1 2 3 4 5 6 19 18 17 16 15

Gedruckt in Kroatien